조선시집 중기

朝鮮詩集 中期

김소운 저작 선집 - 역시편 3
조선시집 중기 朝鮮詩集 中期

초판1쇄 발행 2025년 9월 22일

엮은이 김광식 · 나카이 히로코

주간 조승연
편집 · 디자인 오경희 · 조정화 · 오성현
신나래 · 박선주 · 정성희
관리 박정대

펴낸이 홍종화
펴낸곳 민속원
창업 홍기원
출판등록 제1990-000045호
주소 서울 마포구 토정로25길 41(대흥동 337-25)
전화 02) 804-3320, 805-3320, 806-3320(代)
팩스 02) 802-3346
이메일 minsokwon@naver.com
홈페이지 www.minsokwon.com

ISBN 978-89-285-2164-7
S E T 978-89-285-2161-6 94380

김소운 저작 선집 - 역시편 3

조선시집 중기

김광식 · 나카이 히로코 공편

金素雲 著作 選集 - 譯詩編 1

朝鮮詩集 中期

金廣植 · 中井裕子 共編

목차

Contents

아니ᄒᆞ더니투이ᄉᆞ로조죄를알고궁당바시고
빙인의ᄌᆞ셥의니르러문복ᄒᆞ야ᄀᆞᆯ오ᄃᆡ내쳐
즈음과별디이ᄂᆡ셔궁당ᄇᆞᆺ솔디나더니ᄒᆞᆫ
사ᄅᆞᆷ이중ᄃᆞᆼ으로븟터다ᄆᆞᆯ너머나오거늘반
도시도적인줄알고소ᄅᆡ를디르며ᄶᅩᄎᆞ가니
기연이가단거늘ᄇᆡ리골드라나거늘내거두어
지븨도라와ᄀᆞᆷ츄고본쥬의ᄉᆞᆺ기를기드리
더니ᄆᆞᄎᆞᆷ우리쥬인본ᄃᆡ탐심이만흔디라나
의부

해제

조선의 새로운 시심을 번역해 남긴다

하나의 조선판 문예부흥운동

글 나카이 히로코中井裕子
번역 김광식

조선의 새로운 시심을 번역해 남긴다

하나의 조선판 문예부흥운동

나카이 히로코中井裕子

머리말 - '출범'하지 못한 두 권의 처녀 시집

김소운은 언제부터 시를 썼을까? 소년 시절의 습작은 발굴되지 않았고, 소운 자신도 신문 투고[1] 이외에는 자세히 언급하지 않았다. 그러나 일본어 번역판 자서전 『하늘 끝에 살아도天の涯に生くるとも』(이하 '하늘끝')[2]에 따르면, 일본에서 백 쪽도 안 되는 얇은 소년잡지에 두어 차례 투고했고, 2등과 가작으로 입선해 잡지에

1 「신문팔이로부터」라는 제목으로 「都新聞」(1923년 2월 16일자)에 투고하여 신문팔이 소년에 대한 부당한 폭력을 고발하였다.

2 新潮社, 1983년 5월 일본어 번역판, 1898년에 강담사(講談社) 학술문고판으로 다시 간행되었다. 여기에서는 1898년 일본어 문고판을 사용했다.

도 게재되었다고 한다. 그리고 취업과 동시에 학교를 알선해 준다는 광고를 믿고 상경했다.

번역시집 『젖빛 구름乳色の雲』[3](1940년 4월)의 후기 'R에게 - 후기를 대신하여'에서도 일본어 시집을 자비 출판하려 했으나 좌절했다고 적었다. 1923년 9월 '지진 1, 2개월 전', 즉 1923년 7, 8월경 오사카 스미요시의 시인 모모타 소지百田宗治에게 서문을 부탁하고, 시인 세타 야타로瀬田弥太郎의 도움을 받아 시집을 출판하려고 했지만, 출판 자금이 부족해 뜻을 이루지 못했다. 자서전에서도 오사카에서 잡지 『고락苦楽』을 주재한 나오키 산주고直木三十五 등과도 교류하고 일정한 평가를 받았음을 알 수 있다.

김소운 연구자 무라카미 후사코의 연보[4]에 따르면, 김소운은 1925년(16세) 시첩 『출범』을 부산의 초량경남인쇄사에서 조명희 서시, 안석영 장정, 나혜석 그림으로 5백 부를 인쇄했으나 인쇄비 미납으로 불과 십여 부만 받고 유산되었다고 한다.

필자의 조사에 따르면, 최남선 주필의 『시대일보』 문예란에 1925년 11월부터 18편의 단시가 발표되었다. 이러한 작업이 한일시집의 원석이 되었을 것으로 추정된다. 이 시 중에는 사춘기의 고뇌, 식민지와 종주국의 사회구조에 대한 회의와 절망도 엿보이고, '그대들은 이렇게 살라'(1926.5.9)와 같은 자타를 고무하는

---

3 당초는 후지시마 다케지(1867~1943)가 표지 그림을 제공할 예정이었지만, 출판이 앞당겨져 "흰색 표지"로 나왔다.

4 東大比較文學會, 『比較文學研究』 79(2002.2) 및 93(2009.6).

시도 있다.

『시대일보』가 1926년 8월에 종간된 이후에도 소운의 시 투고는 『조선지광』, 『문장』, 『조선문학』 등에서 계속된다. 김소운은 적어도 44편의 자작시를 신문과 잡지에 투고했다.

김소운의 지인 백철의 평가도 흥미롭다. 백철은 김소운의 시를 소개하면서 창작 시인으로서도 개성적인 면모를 보였다. 결국, 그는 삶과 현실에 대한 일정한 자기 고집(신념)을 지녔고, 작품을 통해 그 신념을 주장하는 주제시主題詩를 쓰는 일종의 관념 시인이었다. 그러나 그의 신념과 오만이 현실에서 용납되지 않고 학대받을 때, 그것은 회의로 바뀌고 고독이 시인을 엄습했다고 보았다.[5]

모란공원에 있는 김소운의 묘비에는 '시인' 김소운의 묘라고 적혀 있다. 김소운은 개인 시집을 생전에 남기지 않았지만, 번역을 통해 '조선의 시심詩心'을 일본에 전하려 한 시인이었다.

1. 일본어 번역 전략과 일본 문단과의 교류

번역 방식에 대해 김소운이 어떻게 자평했는지 알 수 있는 글이 전술한 『젖빛 구름』의 후기이다. 여기에서 오랜만에 나가이

5 백철, 『朝鮮新文學思潮史』 現代篇, 白楊堂, 1949, 280~281쪽.

가후永井荷風의 프랑스 근대 서정시선 『산호집』을 다시 읽으며 “거기에는 가후라는 번역자가 없고 보들레르나 베를렌이 직접 얼굴을 내민다. 훌륭하다고 생각한다.”고 평가했다. 이에 대해, “이 ‘젖빛 구름’은 사실대로 말하자면, 나 자신의 시집과 같은 것이다. 그것을 가장 송구스럽게 여긴다.”고 고백했다(밑줄은 필자에 의함, 이하 동일). 이상의 시 ‘잠자리蜻蛉’와 ‘일야一夜’ 등은 고故 이상의 편지에서 모티프를 얻은 완전한 창작이다. 그러나 그것이 역으로 소운이 애송한 일본 서정시에 더 가까워져 일본 시인과 독자들을 매료시킨 것이다.

후지에다 시즈오藤枝静男의 기억에 따르면, 김소운은 무로 사이세이室生犀星, 사토 하루오佐藤春夫, 미요시 타츠지三好達治, 하기와라 사쿠타로萩原朔太郎의 시를 애창했다고 한다. 시를 낭송하며 즐기는 스타일은 근대 일본 시인들이 즐기던 낭송회를 떠올리게 한다. 패전 이전에는 시를 낭송하며 즐겼는데 오음칠음의 리듬과 각운脚韻 등을 귀로 음미했다. 소운은 오사카 쓰루하시鶴橋, 도쿄 헤비쿠보蛇窪, 가마쿠라 하세오야토長谷大谷戸 등 조선인 집단 거주지에 살며 오사카 시단, 마고메馬込 문인촌의 문인들, 가마쿠라 문인들과 교류했다.

일본의 문인들도 지방에서 상경하여 타향살이하는 이가 많았다. 하쿠슈白秋는 후쿠오카현 야나가와, 사이세이는 이시카와현 가나자와, 사쿠타로는 군마 등 타향에 살거나 말년까지 돌아가지 않은 문인도 있었다. 그런 문인들의 고향에 대한 그리움, 향수를 소운의 번역이 자극했다. 이러한 향수의 공감대가 일본 문단과 독자들에게 수용되었다고 필자는 생각한다. 실제로 '나는 나라도 집도 없단다'(정지용 '카페 프란스')는 망국민의 고향에 대한 그리움은 더욱 깊고 고뇌에 찬 것이었다고 후쿠나가 다케히코福永武彦는 지적했다[6].

모모타 소지百田宗治, 시로토리 세이고白鳥省吾뿐만 아니라 김소운을 지지한 일본 문인들이 있었다. 패전 후에도 계속된 그들의 소운과의 교류도 인상적이다. 『김소운 대역시집對譯詩集』(중中)의 속표지에 소개된 이케다 가쓰미池田克己가 그 단적인 사례다. 1932년 6월 도쿄 구단에서 찍은 기념사진을 실을 정도로 친분이 두터웠다.

소운은 이케다의 장례식에도 참석했고, 한국에서 출판한 번역시집(역시집)에 이케다와의 기념사진을 싣고, 권말에 1956년에 쓴 일본 미래파의 구보타 한야窪田般弥의 글을 실어 1953년에 타계한 이케다 영전에 애도를 표했다.

그리고 이케 마사지池正路인데, 소운은 일찍 세상을 떠난 이케의 시 15편을 모아 시집 『수정충水晶蟲』(1931년 4월)을 간행했다. 이케는 소운에게 양복을 빌려주기도 하고, 책 사이에 돈을 넣어 빌려주기도 했는데 같은 하숙집 생활을 한 동료였다. '해바라기는 새벽을 부른다'라는 이케의 시를 발견하여 1958년 『친화親和』 60호에 '1932년 작'으로 게재하기도 했다. 김소운의 삶은 이처럼

6 福永武彦, 『異邦の薫り』, 新潮社, 1979, 196쪽.

한반도와 일본 문인들의 지지를 받았다.

2. 세 권의 출판 협력자들

1943년 8월 『조선시집(전기前期)』, 10월 『조선시집(중기中期)』(흥풍관興風館)의 판권지 뒤에 전체 기획과 평가에 대한 선전 문구가 실려 있다. 여기에는 전기, 중기에 이어 후기後期를 포함한 세 권을 기획했고, 두 달마다 한 권씩 발행할 예정이었다고 적혀 있다. 다음은 아마도 편집자 무라카미 노부히코村上信彦의 글이라고 판단된다.

> 조선시단 40년의 총결산!!
>
> 협소한 언어의 감옥 속에서 고립된 보루를 지켜온 조선의 뛰어난 시심詩心을 누조鏤彫[금속 가공 등에서 조각에 앞서 표면에 모양을 새기는 기법 중의 하나로, 금속가공과 같은 예술이라는 의미]의 명역名譯으로써 마치 금석金石처럼 갱쟁鏗錚 유량瀏喨한 울림을 전한다. 우리가 조선에 대해 알아야 될 것이 많지만, 이 세 권의 역시집처럼 내선內鮮 문화의 억세고 강력한 교류 결속의 포석이라는 의미에서 급박하고도 가장 뛰어난 것 중 하나이다.

여기에는 협소한 언어의 감옥 속에서 고립된 보루를 지켜온 조선어에 대한 경시관, '내선內鮮 문화'의 억세고 강력한 교류 결

속의 포석, '내선일체內鮮一體'의 출판 목적을 명확히 드러낸다. 다만 당시 언론 통제 하에서 출판의 필요조건이었을 지도 모른다. 소운의 번역을 금속공예와 같은 '누조鏤彫의 명역'이라고 칭송한 것은 과장이 아니며, 무라카미가 소운에게 조선시 번역을 의뢰한 이유도 이 점에 있다.

또한, 뒷면의 선전 문구와 함께, 시인 미요시 다츠지三好達治가 소운의 번역이야말로 '세계적으로 높은 수준'이라고 높이 평가한 것도 이를 뒷받침해 준다. 미요시의 이 평가가 실린 『옥상의 닭屋上の鶏』은 1943년 문체사文體社에서 간행된 수필집에 수록된 것이다. 미요시의 평가는 '김동환 씨'라는 제하에 실린 제목의 대담에서도 등장한다.

이 수필에서 미요시가 조선인의 문학적 재능에 대해 충분히 신뢰할 수 있었던 것은, 김소운의 번역 역량이 높았기 때문이며, "오늘날 일본 시단의 현실에서는 오히려 부러워할 만한 품위와 기질의 것"이며, "번역 시인으로서의 김소운의 재능을 예로 들어도, 조선 시인의 자질이라는 것이 얼마나 괄목할 만한 것인지" 분명하다며, 김소운을 조선 시인의 대표로 여길 정도의 심정을 토로하였다.

일본어라도 쓸 것인가, 아니면 붓을 꺾을 것인가라는 선택이 강요되는 문단의 고뇌를 제대로 인식했는지는 모르지만, 무라카미 편집의 역시집이 흥풍관에서 기획되었다.

3. 『조선시집』 전기, 중기에 실린 시와 시인

소운은 「후기」에서 조선문학의 미래에 대해 김동환과 마찬가지로 "조선어는 이미 종지부를 찍으려 하고 있다. 삶의 구석구석에서 그림자를 지운다는 것은 아니지만, 살아 있는 사회적 기능은 이제 이 말에는 없다. 잡지나 신문도 조선어로 된 것은 거의 90%가 폐간된 오늘날, 조선 작가와 시인들은 무엇으로 그 표현의욕을 충족시킬 것인가. 설령 작품이 있다고 해도 앞으로 7, 8년이 지나지 않아서 그것을 읽을 사람이 없어지지는 않을까?"라며 위기감을 토로했다.

김소운은 잡지 『문장』 20여 권, 『인문평론』 약 10권, 『가톨릭청년』 19권, 개인 시집 20여 권, 문학 전집과 시인선집, 자작시 200여 편, 그리고 스스로 스크랩한 시까지를 포함한 방대한 후보작 중에서 작품을 선정했다. 당시 젊은이들은 아일랜드 문예부흥 운동의 영향을 받아 모국어로 많은 시를 창작하고 있었다. 이광수를 비롯해 1919년 도쿄 독립선언 등 유학생 독립운동에 참여한 시인, PASKYULA, KAPF에 소속된 박영희, 임화 등 사회주의 문화운동가, 한용운, 이육사 등 민족운동 투사 시인들도 포함됐다. 소운은 『창조』, 『백조』, 『폐허』 등의 문예지, 『조선문단』, 『시문학』과 주요 시집이 빠진 것을 아쉬워하면서 "새로운 앤솔러지 하나를 엮는다는 마음가짐"으로 선시選詩에 임했다고 한다.

처음에는 "2권 및 3권 속에 번역시(역시)에 대한 기록, 가능하다면 『조선시단 연보』같은 것을 곁들여 비망 회고에 이바지하려고 생각했다. 그렇게 되면 편찬의 형편상, 두세 시인의 증감도 있을 수 있다고 생각했다.” 전기는 8월, 중기는 9월, 후기는 10월에 발행할 예정이었다. 그러나 실제로 중기는 10월로 연기되었고, 후기는 출판되지 않았다.

그 이유에 대해 1951년 발간된 『조선시집』의 해설을 담당한 재일조선인 작가 윤자원은 다음과 같이 지적했다.

> 원고의 사전 검열을 받기 위해 총독부 도쿄 출장소에 제출된 원고가 시국성이 결여됐다는 이유로 거부돼, 출판사 대표가 불려가 “우린 경찰이야! 까불지 말라”고 협박을 받았다는 이야기도 들었다. (중략) 이에 김 씨가 기분이 상해서 원고를 철회했는지, 아니면 그대로 몰수당했는지, 저간의 사정은 자세히 알 수 없다. 향토의 문화를 수출한다고 하면 아주 한가하게 들리겠지만, 한 권의 책이 만들어질 때마다 김 씨가 겪었을 곤혹스러운 뒷이야기는 일본 독자는 물론이고 향토 조선에서도 거의 알려지지 않았다.

‘후기後期’의 출판 불발은 김소운에게 통한의 극치였을 것이라고 추측된다. 일본 독자들에게도 후기에 실렸을 ‘기예氣銳의 신인군新人群’의 시와 ‘조선시단 연보’에 대한 가치를 영원히 상실하고 말았다.

윤자원의 기억을 통해 김소운을 비롯한 재일조선인에 대한 출판 경찰의 감시가 얼마나 극심했는지를 알 수 있다. 그 속에서 원고 수집은 물론이고, 시인에게 번역 허가를 받기 위해 연락을 취

해도 연락이 되지 않거나, 과거 작품을 말살하겠다는 의사를 전달한 시인도 있는 등 시 선정과 번역 작업의 어려움도 있었다. 소운은 출판을 위해 자료를 수집해준 이육사, 김광균, 윤석중 등을 비롯하여 가마쿠라 산장에 함께 모여 인선 및 기타 협의에 참여한 박노춘, 조남령, 허남기, 박인배 등에 대한 감사, 인쇄소 기도 히데오木藤秀雄의 후의에 대한 고마움을 적었다.

후기에는 1942년 57세로 세상을 떠난 기타하라 하쿠슈北原白秋에 대한 헌사도 실렸다. 이 역시집은 "조선에 이토록 훌륭한 시심이 있을 줄이야"라고 절찬한 하쿠슈에 대한 보답이기도 했다. 끝으로 소운은 '쇼와 18년(1943) 4월 관제하管制下의 망여산거望汝山居에서'라고 등화관제燈火管制가 계속되는 긴박하고 궁핍한 시국도 기록하였다.

4. 번역 전략

예를 들어, 이육사의 '청포도'는 번역에서는 5음과 7음의 정형 리듬으로 만들어져 낭송과 암송이 쉬운 문어 정형시로 변형되었다. 일본의 젊은 독자들은 시마자키 도손의 『와카나슈若菜集』, 사토 하루오의 『순정시집殉情詩集』, 무로오 사이세이의 『서정소곡집抒情小曲集』 등에 열광했다. 일본인들이 사랑하는 문어 자유시, 정형시 기법으로 번역한 것이 기타하라 하쿠슈北原白秋를 비롯한 일본 독자들을 감동시켰다. 비유적으로 말하자면, 소운은 구어체로 자유롭게 쓰인 조선의 젊은 시심 위에 일본에서 유행하는 무늬를 입혔다고 할 수 있다. 이육사에게 이 번역본을 보여줬을 때, 내 시가 그렇게 좋았나 라고 말하며 기뻐했다고 김소운은 회고했다.[7]

또한, 본래 시에서 자음만 봐도 'ㄹ', 'ㅎ ㅂ ㅍ', 'ㅈ ㅊ'이 많이 사용되어 음운적으로도 아름답고, 정말이지 '청포도'가 연상된다. 일본어 번역에서는 H음을 다용하여 상쾌함을 자아냈다.

은유 · 상징 등의 레토릭은 시에서 빼놓을 수 없는 요소인데, 검열을 극복하는 무기가 되기도 한다. 예를 들어, 소운은 독립운동가 한용운의 시집명 '님의 침묵'을 '애인의 침묵愛人の沈默'으로 번역하고, '비밀'과 '예술가'를 조국에 대한 신앙적 믿음에서 연애 서정시 풍으로 번역했다. 이상화 '나의 침실'의 마돈나도 여성만으로 해석을 한정하지 않아도 된다고 필자는 생각한다. 이러한 레토릭으로서의 무기를 일본의 반골적 시인 가네코 미츠하루金子光晴도 이용해서 검열의 눈을 피해 시집 『상어鮫』를 출간할 수 있었다. 그런 시대적 배경을 함께 이해하며 해석할 필요가 있다.

이밖에도 정지용의 '카페 프란스'의 "나는 나라도 집도 없단다"를 소운은 "나에게는 집도 고향도 없다"고 번역했다. '망국의 슬픔'을 직설적으로 표현하면 삭제되거나 발매금지가 될 위험이 있다. 소운은 의도적으로 '망향의 슬픔'으로 바꾸어 도시에 사는

7 일본어판 자서전, 『天の涯』, 256쪽.

지방 출신자의 실향심에 호소했다.

5. 시인에 대한 레퀴엠과 오마주

『젖빛 구름』과 『조선시집』 전기, 중기에 수록된 시인과 그 시를 주의 깊게 읽으면 김소운의 개인적 애착 관계를 확인할 수 있다. 『시대일보』에 투고 의뢰한 지인 시인들이 많기 때문일 것이다. 일례로 김기림의 '쥬피타 추방'과 전술한 이상李箱의 시가 연결돼 있다. '쥬피타 추방'은 모더니즘 시인 김기림이 이상을 애도하며 읊은 시로, 이 시야말로 상징화된 이상의 모습이었다.

김해경金海卿(이상)은 소운이 1930년대 초반에 과외 아동잡지 발행을 위해 고군분투하던 시절의 동지였다. 이상이 도쿄에서 치안유지법으로 한 달 동안 수감되어 지병인 결핵으로 병상에 누워 있을 때 소운도 매일 간호를 했다. 그리고 그의 죽음을 '침통의장沈痛儀杖 - 이상李箱에게 주는 시'로 애도했다.

이상뿐만 아니라 동요 시인이자 과외 아동잡지 협력자인 유도순, 김소월, 조명희, 박용철, 이장희, 노자영의 병사, 자살, 행방불명 등은 식민지가 낳은 희생이라 할 수 있다. 그런 의미에서 김소운 나름의 레퀴엠이라고 볼 수도 있다.

다음으로 '오마주' 측면을 살펴보자. 먼저 독립운동가 한용운은 앞서 언급한 것처럼 서정시적 번역으로 등장시켰다. 또한, 친일인사의 대표로 꼽히는 이광수이지만, 지인이었던 소운은 전기

前期에 '역사가'라는 시를 번역했다. "역사가여/ 네 역사는 거짓 나부랭이! 우리들의 사랑이 기록되지 않은 역사/ 그런 역사가 있으랴/ 우리들 사랑의 파탄이 기록되지 않은 역사/ 그런 역사는 이미 알고 있어, 거짓 나부랭이 (후략)"라고 번역했다. 이광수의 총독부에 대한 식민사관을 향한 분노를 '거짓 나부랭이'라는 일본어 속어로 대담하게 대변했다.

지면 관계상 자세한 언급을 할애하지만, 번역가 김억, 잡지 『백조』 등에서 활동하며 시집을 펴낸 선배 시인 오상순, 박종화, 홍사용 등을 비롯하여 카프 서기장을 역임한 임화, 박팔양, 박영희 등 공산주의에 공명했던 시인들도 더해져 후기後期가 나왔다면 완전체가 되고 연보까지 포함되었을 것이다. 이와나미岩波서점에서 『조선현대시선』도 문고판으로 출간할 계획이었던 김소운에게 그 아쉬움은 크게 남았을 것이다.

맺음말

나카이의 연구에 따르면, 김소운은 한글과 일본어로 자작시 44편을 남겼다. 개인 시집은 간행하지 않았지만, 소년 시절부터 일본어 시, 조선어 시를 투고했고, 그 과정에서 일본의 시와 번역시, 시인, 시우詩友, 그리고 시조詩潮를 접했다. 그것이 중역重譯과 번역으로 이어진 한반도 시단, 한일 시우詩友들과 교류했다.

이러한 일본 시단, 시인들과의 교류 속에서 익힌 일본어와 운

문의 레토릭이 충분히 발휘된 것이 이번에 역시편으로 간행하는 『젖빛 구름』『조선시집』 전기前期·중기中期다. 여기에 구사된 문어, 오음칠음률, 고어古語, 서정어의 다용多用은, 의도적으로 일본인의 심금을 울리는 전술로 사용되었다고 필자는 생각한다.

필자는 이러한 서정적 문어, 시적 개작에서 김소운의 일본어 번역에 대한 고뇌의 본질을 본다. 즉, 소운에게 일역은 고전문법의 습득, 문어문에 대한 숙지, 일본어로 된 고급 아어雅語의 선택, 한시 훈독訓讀 풍의 문어 정형시의 특징 파악, 칠음오음율, 일본어 다섯 개 모음과 아홉 개 자음의 운율에 대한 음미 등 일본 근대 시인들이 애용하고 독자들이 낭독·암송을 즐긴 문어 정형시·문어 자유시의 형식에 대한 도전이었다고 판단한다.

그 의장意匠으로서의 문어 정형시文語定型詩에 일본인이 감탄하는 모습은, 젊고 가난하며 굴욕적인 대우를 받는 식민지인 소운이 자신의 출신에 대한 우월감을 획득할 수 있는 희유希有한 기회였다. 그리고 바로 그 번역 작업이야말로 자기 긍정감과 살아가는 의미를 느끼는 계기가 되지 않았을까. 기타하라 하쿠슈가 '얄밉다小憎らしい'고까지 평가한 소운의 일본어 번역 기교는, 조선 민족의 자부심, 고뇌, 비애, 해방의 염원, 저항심을 서정적 울림으로 은밀히 감싼 금속공예품과 같은 명역이었다.

『젖빛 구름』에는 43인의 98 작품이 수록됐고, 출판 당시 평균 연령 36세였다. 젊은 시인, 요절 시인, 그중에는 소운의 친구도 포함된다. 『조선시집朝鮮詩集』 전기前期·중기中期에는 6인이 추가돼 49명의 186편을 번역했다. 후기後期가 기획대로 출판됐

다면 신인 30여 명의 작품과 '조선시단 연보'도 일본 독자들에게 전해졌을 것이다. 당시 출판 경찰의 탄압, 특히 조선인에 대한 가혹한 탄압의 실상이 여기에 있다.

또한, 중요한 사실은 이 역시집이 김소운 혼자서 수행한 것이 아니라, 이육사, 김광균, 윤석중, 박노춘, 조남령, 허남기, 박인배 등 도쿄의 문사와 유학생들도 협력했다는 점이다. 그들은 아일랜드 문예부흥 운동의 영향을 받아 시를 창작하고, 시잡지나 시집을 만들고, 신문기사에 투고했다. 이를 가능한 한 수집해 가마쿠라의 망여산거望汝山居에 모여 민족의 시를 남겨야 한다는 일념으로 시인들과 연락해, 시를 선정하고 편집 작업에 몰두했다. 날마다 관헌이 감시하고, 조선어의 명맥이 끊어지려는 상황에서 가능한 한 많은 시인의 시를 번역해 남기고자 한 활동은 동화정책(조선문화 말살정책) 하의 한반도판 문예부흥 운동의 작은 결실이었다.

패전 후에 일본에서 간행된 1953년 창원사創元社판, 1954년 이와나미 문고판 『조선시집』은 1940년 『젖빛 구름』과 1943년 『조선시집』 전기 · 중기의 시인을 거의 그대로 계승하였다. 소운이 조선 시심詩心의 부활을 패전 후 일본에서도 시도했다고 할 수 있다.

재일조선인 시인 김시종金時鐘은 『재역再譯 조선시집朝鮮詩集』[8]을 내며 김소운의 『조선시집』 재번역을 시도했는데 다음처럼 언급했다. "김소운의 번역시라기보다는 당시 일본의 서정시에 리

8 金時鐘, 『再譯 朝鮮詩集』, 岩波書店, 2007.

듣을 맞춘 김소운 자신의 시 노래라는 확신을 갖게 되었다. (중략) 김소운 선생님과는 그 고생의 세월을 뛰어넘어 서로 나눈 관계라고 혼자 생각하기도 했다.” “폐멸廢滅할지도 모르는 조선어의 위기 상황에서도 그 언어에 집착한 조선 시인들의 모어母語에 대한 끝없는 사랑에도, 그리고 그 말 자체의 존엄성에도 생각이 미칠 것이다.” 라고 회술했다.[9]

한편, 1978년 아성출판사에서 간행된 『김소운 대역시집』에는 김기림, 이상, 허보, 오장환, 조벽암, 정지용, 백석, 박팔양, 이병각, 유도순, 임학수, 임화, 김형원, 이찬, 노자영, 김용제, 박세영 등이 제외되었다. 이 역시 남북 분단이라는 정치적 상황으로 제외됐다.

김소운은 『조선시집(전기)』 말미에 이렇게 적었다.

> 심정의 미묘함과 접촉한 이해만큼 확실한 이해는 없다. 어딘가에 지기知己가 있다. 가끔씩 조선의 시심이 그 사람들의 삶의 환희에, 혹은 마음의 아픔에 조용히 스며드는 날이 있다. 그것을 느긋하게 기다리는 바람이다. 느긋하게 기다리려고 한다.

그의 장기적 안목(‘느긋하게 기다리는 바람気長な望み’)은 오늘날 한일 문화교류 속에서 실현되고 있다.

---

9 김시종, 위의 책, 「『조선시집(朝鮮詩集)』을 재역하면서を再訳するにあたって」, ix쪽.

【참고문헌】

中井裕子, 「金素雲の「武器なき戦い」 - 「朝鮮人をして朝鮮人たらしめよ」」, 同志社대학 대학원 박사논문, 2023.

三好達治, 『屋上の鶏』, 文體社, 1943.

金素雲, 『天の涯に生くるとも』, 新潮社, 1983(講談社学術文庫, 1989).

福永武彦, 『異邦の薫り』, 新潮社, 1979.

呉世宗, 『リズムと抒情の詩学 金時鐘と「短歌的抒情の否定」』, 生活書院, 2010.

西原大輔, 『日本名詩選 2 昭和戦前篇 1928-1944』, 笠間書院, 2015.

坪井秀人, 『二十世紀日本語詩を思い出す』, 思潮社, 2020.

金時鐘, 『再譯 朝鮮詩集』, 岩波書店, 2007.

김소운, 『金素雲対譯詩集(上中下)』, 아성출판사, 1978.

______, 『맨발의 인생행로 유전 70년』, 중앙일보사, 1981.

양동국, 「제국 일본 속의 <조선 시 붐> - 유학생 시인과 김소운의 『조선시집』을 중심으로」, 『아시아문화연구』 23, 2011 등.

朝鮮の新しい詩心を訳し残す

一つの朝鮮版文芸復興運動

中井裕子

はじめに~「出帆」しそこねた二冊の処女詩集~

金素雲はいつから詩を書き始めたのか。少年期の記録物は未発見で、素雲も新聞投書[1]以外は詳しくは語っていない。しかし、『天の涯に生くるとも』[2](以下『天の涯』と略称)によると、来日後「百ページ足らずの薄っぺらな少年雑誌―、そこへ二、三度投書をしたことがあった。たしか二席と佳作に一度ずつ入選して雑誌にも載」ったとのこと。就職や学校の世話をするとの

1　「新聞売り子から」(下谷KYF生)と題して「都新聞」(1923年2月16日)に投書し、売り子への不当な暴力を告発している。KYFは本名金教煥のKをYにして匿名化した。

2　新潮社,1983年5月刊。のち1989年に講談社学術文庫版で出版。筆者は1989年版を使用。

広告を信じて上京したのだった。

翻訳アンソロジー詩集『乳色の雲』[3](1940年4月)の「Rへ―あとがきに代えて」でも、日本語詩集の自費出版の挫折があったことが分かる。「震災の一二ケ月前」、1923年7月から８月ごろ、大阪の住吉にいた百田宗治[4]に序文をもらい、詩人瀬田弥太郎[5]の助けも受けて詩集を出版しようとしたが、自費出版の資金不足で実現しなかった。自伝でも大阪で雑誌『苦楽』を主宰していた直木三十五らとも交流があったり、彼らからも一定の評価を得ていたことがわかる。

一方、金素雲研究家村上芙佐子の年譜[6]によると、金素雲は、1925年(16歳)「詩帖『出帆』を釜山草梁慶南印刷会社から趙明熙[7]序詩、安夕影装幀、羅蕙錫扉絵で五百部印刷したが、印刷費

3　最初は藤島武二(1867~1943)が表紙画を提供する予定だったが、出版が早まったため「白表紙」での出版となった。

4　1893~1955、大正・昭和期の詩人、児童文学者、作詞家。大阪府出身。詩の傾向としてはホイットマンやロマン・ロランの影響を受けた人道主義的・民主主義的傾向で、1918年に創刊された『民衆』を契機として、富田砕花や白鳥省吾とともに民衆詩派の一員として数えられるようになる。1926年に発刊した『椎の木』では三好達治、丸山薫、伊藤整、春山行夫、阪本越郎など若手詩人を起用し、一時代を築いた。1932年ごろより児童詩・作文教育に携わるようになり、波多野完治、滑川道夫、巽聖歌ら作文教育の指導者を育てた。

5　生没年不明。大阪出身の詩人。詩集に『愛の長詩』(1924.心情詩社)『哀吟余情：抒情小曲集』(1925.心情社)『心情詩集』(1926.サクラヤ書店)など。

6　東大比較文學會,『比較文學研究』79号(2002.2) および93号(2009.6)

7　1894~1942。忠北鎭川出生。号は砲石(素雲は抱石と表記)。中央高普を中退して北京士官学校に入学しようとして日警に捕まる。3・1運動で投獄され、1928年ロシアに

末払で、わずか十余部を手にすることができただけで流産」とある。

筆者の調査では、崔南善主筆の『時代日報』の文芸欄で、1925年11月から18編の短詩が発表されていた。これらが、日本と朝鮮半島での日本と朝鮮での詩集の原石となったと推測される。これらの詩には、思春期の苦悩、植民地と宗主国の社会構造への懐疑や絶望も伺われるが、反面、「그대들은 이렇게 살라(君たちはかく生きよ)」(1926.5.9.) のような自他を鼓舞する詩も書いている。

『時代日報』が1926年8月に終刊したのちも、素雲の詩の投稿は『朝鮮之光』『文章』『朝鮮文学』などで続く。筆者の調査では、のべ44作の自作詩を新聞・雑誌に投稿している。

金素雲とも知人だった白鐵の評価が興味深い。彼は金素雲のいくつかの詩を紹介しつつ「創作詩人としても個性的な面を見せた。結局彼は生活と現実に対して一定の自己固執(信念)を持って、作品を通して彼の信念を主張する主題詩を書く一種の観念詩人だった。しかし、彼の信念と傲慢が現実に容納されず虐待される時に、それは「懐疑」に変り「虫のような孤独」が詩人を噛むと詠った。(後略)」[8]

亡命してソ連作家同盟 원동支部指導部で勤務した。知識人的個人意識で現実に対する不満を描き「洛東江」(1927)に至って継承意識と民族解放思想という巨視的眼目を持つようになる。作品としては「땅 속으로」「농촌 사람들」、「한여름밤」、「춘선이」「아들의 마음」などがある。『天の涯』92頁「たゆたう面影」で言及。

牡丹公園にある金素雲の墓標には「詩人　金素雲之墓」と記してある。金素雲は、個人詩集は残さなかったが、翻訳を通して「朝鮮の詩心」を日本に伝えようとした詩人であった。

1. 日訳の戦略と日本文壇の交流

翻訳手法について、金素雲はどう自己評価していたかがわかる記載が『乳色の雲』の「Rへ―あとがきに代へて」にある。その中で、久しぶりに永井荷風の仏蘭西近代抒情詩選『珊瑚集』を読み直して、「そこには荷風といふ訳者が居ないで、ボードレールやヴェルレーヌ自身がちやんと顔を出してゐる。見事なものだと思ふ。」と評価している。それに対して、「この『乳色の雲』にしたところで有体に言へば僕自身の詩集のやうなものだ。それを一番相済まなく思つてゐる。」(以後の下線は筆者による)と自白している。確かに、李箱の詩「蜻蛉」と「一つの夜」などは、故李箱の手紙からモチーフを得た完全な創作である。しかし、それが逆に素雲が愛唱した日本の抒情詩により近くなって日本の詩人や読者を魅了させたのである。

藤枝静男の記憶によると、室生犀星や佐藤春夫や三好達治

8　白鐵,『朝鮮新文學思潮史』現代篇, 白楊堂, 1949.7, 280~281頁。

や萩原朔太郎の詩を愛唱していたという。詩を暗唱して楽しむというスタイルは、明治・大正の詩人たちが好んで行った朗読会を思わせる。戦前、詩は朗誦して楽しむものであり、五音七音のリズムや頭脚韻なども耳で楽しんでいた。素雲は鶴橋、蛇窪、長谷大谷戸など朝鮮人集住地区に身を置きながら、大阪の詩壇、馬込文士村の文人たち、鎌倉在住の文人たちと近しく過ごした。

日本の文人たちも、地方から上京して他郷暮らしのものが多い。白秋は柳川、犀星は金沢、朔太郎は群馬、藤村は信州馬籠、達治は大阪など、中には故郷を捨てたり、晩年まで戻らなかったりする文人もいた。そのような文人たちの望郷の念、郷愁を素雲の翻訳は刺激した。そこに郷愁の共感帯が形成され、日本文壇や読者に受容されたと筆者は考える。実際は、「나는　나라도　집도　없단다(私は国も家もないんだよ)」(鄭芝鎔「カフェー・フランス」)という亡国の民の望郷の思いは更に深く苦悩に充ちたものであったことを、福永武彦がのちに指摘している[9]。

百田宗治、白鳥省吾だけでなく金素雲を支えた日本人文人たちがいた。戦後も続く彼らの素雲との交流も心打たれる。例えば、『金素雲對譯詩集』(中)[10]の口絵写真で紹介された池田克己[11]である。「1932年6月 東京九段에서」(左, 池田克己 = 後에 詩

9　福永武彦, 『異邦の薫り』, 新潮社, 1979.6, 196頁。

10　1978年10月, 釜山亜成出版社刊。

誌「日本未来派」主宰)とある記念写真を撮るような関係だった。

素雲は池田の葬儀にも列席し、韓国で出版した対訳詩集に池田との記念写真を掲げ、巻末に1956年に書かれた日本未来派の窪田般弥の文を載せることで、1953年に早逝した池田に哀悼の意を示した。

もう一人、池正路。素雲は早逝した池の詩を15編集めて詩集『水晶蟲』(1931年4月)を出版した。池との交流は、池が義兄の背広を素雲に貸したり、本の間に金を入れて貸したり、同じ部屋で下宿したりした仲である。自作詩の「向日葵は暁を呼ぶ」は、池の浄書を発見して1958年『親和』60号に「1932年作」として掲載された。金素雲の生は、このように朝鮮半島と日本の文人たちにも支えられていた。

11 1912~1953。詩人。奈良県吉野生まれ。詩歴は古く1934年に22歳で早くも詩集『芥は風に吹かれている』を出した。人生的なバーバリズム(原始主義)の詩法に特徴が見られる。1947年、菊岡久利・八森虎太郎・高見順・緒方昇らと詩誌『日本未来派』を創刊。1952年に病いが重篤となるまで編集をほとんど一人で行い、高見順・土橋治重・港野喜代子・鷲巣繁男・高田敏子・坂本明子・内山登美子・窪田般弥らを世に送り出した功績が大きい。主な詩集に『上海雑草原』(1944年刊)、『法隆寺土塀』(1948年刊)などがある。日本ペンクラブ電子文藝館 (bungeikan.jp) (2022年11月27日最終閲覧)

2. 全三冊の出版協力者たち

1943年8月『朝鮮詩集(前期)』、10月『朝鮮詩集(中期)』興風館[12]刊の、前者の奥付けの次頁に全体の企画と評価の宣伝文がある。この頁で最初は(後期)を含む三冊の計画だったこと、一か月おきの発行予定だったこともわかる。以下は、おそらく編集者の村上信彦の文章と思われる。

> 朝鮮詩壇四十年の総決算!!
>
> 狭隘な言葉の檻の中で孤塁を守りつゞけた朝鮮の秀でた詩心が鏤《る》彫《ちょう》の名訳を得て宛然金石の如き鏗《こう》鏘《そう》嚠《りゅう》喨《りょう》の韻《ひびき》を傳へる。吾々が朝鮮に就て知らねばならぬことは多々あるが、この三巻の譯詩集の如きは内鮮文化の逞しく力強い交流結束の布石たる意味に於て急且つ最たるものゝ一つである。

ここには、「狭隘な言葉の檻の中で孤塁を守りつゞけた」という朝鮮語への蔑視観と、「内鮮文化の逞しく力強い交流結束

12　戦前の興風館は「東京都神田区一ツ橋 教育会館」内に社屋を置いた。国会図書館の検索によると1895年から1899年まで雑誌「皇風」を41巻、村上信彦の『音高く流れぬ』1~3部、W・バウム『バリ島物語(上下)』(金窪勝郎訳)頁・テルへ『科学と実在』(平林初之輔訳)、A・ヒットラー『吾が闘争(上下)』(真鍋良一訳)など多くの翻訳本を出版している。

の布石」と内鮮一体の出版目的が明確に示されている。ただ、当時の言論統制下、出版の必要条件だったかもしれない。素雲の訳を「鏤《る》彫《ちょう》の名訳」と賛美するのは誇張ではなく、村上が素雲に朝鮮詩の翻訳を依頼した理由もここにある。

また、奥付頁の囲み記事の三好達治[13]の文の引用も、当時の素雲への高評を裏づけている。

> 金素雲氏の手になった譯詩ー、そこに見出される詩魂なり詩才なりといふものは恐らく世界的の高水準にあるもので、我々の今日の日本詩壇の現状からは寧ろ羨望に價する品位と氣質のものであつた。譯詩家としての金素雲氏の才能天分を假りに例にとつてみても、凡そ朝鮮詩人の資質といふものが如何に刮目に價するものなるかは明かであらう。
>
> 三好達治氏著『屋上の鶏』より

この評が掲載された『屋上の鶏』は昭和18(1943)年文體社刊の随筆集である。上述の引用部は「金東煥[14]氏」と題する同氏と

---

13 1900~1964、大阪市出身の詩人、翻訳家、文芸評論家。戦前の詩集に『測量船』(第一書房、1930年)『南窗集』(椎の木社、1932年)『閒花集』(四季社、1934年)『山果集』(四季社、1935年)、合本詩集『春の岬』(創元社、1939年)、『艸千里』(四季社、1939年)、『一點鐘』(創元社、1941年)など。

14 筆名巴人。明治三四年生。東洋大学文科修業。東亜日報記者を経て昭和四年以来雑誌「三千里」を経営。/詩集「国境の夜」「昇天の青春」「詩歌集」、他に長編小説「戦

の京城『三千里』事務所での対談記録の末尾に近い部分に登場する。村上は引用時に若干変更しているが、内容は変わらない。

この随筆で三好は、朝鮮人の文学的才能に十分な信頼を置けたのは、金素雲の翻訳力量の高さのためで、「我々の今日の日本詩壇の現状からは寧ろ羨望に價する品位と氣質のもの」で「譯詩家としての金素雲氏の才能天分を假りに例にとつてみても、凡そ朝鮮詩人の資質といふものが如何に刮目に價するものなるか」は明らかだと、金素雲を朝鮮詩人の代表と考えるほどに私淑する思いを吐露している。

日本語で書くか筆を折るかの選択を迫られる朝鮮文壇の苦悩を知ってか知らずか、金素雲の手になる翻訳集が興風館・村上信彦編集者によって企画された。

3.『朝鮮詩集(前期)』『朝鮮詩集(中期)』の詩と詩人

素雲は「覚書」で朝鮮文学の将来について、金東煥と同様に「朝鮮語はすでに終止符を打たれようとしてゐる。生活の隅々から影を消すといふのではないが、活きた社会的機能はもうこの言葉にはない。雑誌も新聞も、朝鮮語によるものは殆ど九

争と恋愛」あり。(『乳色の雲』の「略歴紹介」より)

割が廃刊されてゐる今日、何によつて朝鮮の作家や詩人たちはその表現意欲を充すべきか。かりに作品ありとするも、今後七八年を出でずしてそれを読む者がなくなるのではあるまいか。」と危機感を吐露している。

雑誌『文章』20余冊、『人文評論』約10冊、『カトリック青年』19冊など、個人詩集も20冊程度、文学全集や詩人選集、自選作品200編、切抜きまで含む膨大な数の候補を集めたことがわかる。当時の若者たちはアイルランド文芸復興運動の影響下、自らの言葉で多くの詩を生み出していた。李光洙を含め、東京での1919年独立宣言にみられるような留学生の独立運動に関わった詩人や、PASKYULAやKAPFに所属した朴英熙、林和など社会主義文化活動家や韓龍雲、李陸史など独立運動闘士の詩人も加えている。素雲は、『創造』『白潮』『廃墟』等の文芸雑誌、『朝鮮文壇』『詩文学』や主だった詩集を逸したことを心残りとしながら、朝鮮詩壇がこの程度の選集も所有できていない現状を嘆き、「新たなアンソロジー一つを編むという心組み」で選詩にあたったと言う。

当初は、「二巻及び三巻に、訳詩についての心覚えと、出来れば『朝鮮詩壇年譜』のやうなものを添へて備忘回顧に資したい考へである。編纂の都合では、或は人員に二三増減を余儀なくされる場合もあらうかと思ふ。」という企画で進んでおり、「前期」は八月刊、「中期」は九月、「後期」は十月の発行を予定していた。しかし、実際は「中期」の発行は十月に延期となり、「後期」

は出版に至らなかった。

その理由について、1951年刊『朝鮮詩集』の解説を担った尹紫遠[15]が以下のように語っている。

> 原稿の事前検閲を受けるため総督府東京出張所に提出された譯稿が、時局性の乏しい理由で拒否され、発行所の代表者が呼びつけられて「ここは警察だぞ!馬鹿にするな」と恫喝された話を私も聞いている。(中略)それに気を腐らせて金氏が原稿を撤回したものか、或はそのまま没収されたものか、その間の事情は詳かでない。郷土の文化を輸出すると言えばいかにも気楽に聞こえるが、一冊の書物がつくられるたびに同氏の嘗めたこの蔭の困厄については、日本の読者はもとより、郷土朝鮮に於いても殆ど知られてはいない。

「後期」の出版不実現は金素雲にとっては痛恨の極みだったと推測される。日本の読者にとっても、後期の「気鋭の新人群」の詩と「朝鮮詩壇年譜」に、永遠に価値を損失した。

15　1911~1964、日本の敗戦前は「尹徳祚」の名で歌集『月陰山』(42河北書房)を上梓。解放後『民主朝鮮』に詩や評論を幾つか発表したあと、『三十八度線』(50年早川書房)を上梓している。近年、研究者の宋恵媛が『越境の在日朝鮮人作家　尹紫遠の日記が伝えること　国籍なき日々の記録から難民の時代の生をたどって』(2022、琥珀書房)と『密航のち洗濯　ときどき作家』(2024、柏書房)を出版し、金素雲との交流も明らかになった。

尹紫遠の記憶から、金素雲を含む在日朝鮮人への出版警察による監視がいかに激烈だったかがわかる。その中を、原稿収集についても、詩人に翻訳許可を得るために連絡先を探しても見つからなかったり、過去作品を抹殺する意思を伝えた詩人もいたりするなど、詩の選定・翻訳作業の苦労も語られる。そして、出版の実現のため資料収集した人物の「李陸史、金光均、尹石重の諸友」、「鎌倉の山居へ会同して人選その他の協議に参画した朴魯春、曹南嶺、許南麒、朴仁培の諸君」への感謝と、印刷所の木藤秀雄 氏の厚誼に対する感謝が綴られる。

「覚書」の最後は1942年に57歳で逝去した北原白秋の墓前への献辞がある。この訳詩集は、「朝鮮にこんなすばらしい詩心があろうとは」と絶賛した白秋への返礼でもあった。素雲は「昭和十八年四月 管制下の望汝山居にて 素雲生」に、灯火管制という緊迫と窮乏の時局も記録した。

4. 翻訳の戦略

例えば、李陸史「青葡萄」は、日本語では5音と７音の定型リズムに成型され、朗誦・暗唱しやすい文語定型詩に改変されている。日本の若い読者は島崎藤村『若菜集』や佐藤春夫『殉情詩集』、室生犀星『抒情小曲集』などに熱狂していた。その日本人が愛する文語自由詩・定型詩の手法で翻訳したものが、北原白秋はじめ日本の読者を感動させた。比喩的に言えば、素雲は口語で自由に書かれた朝鮮の若い詩心に「日本で流行中の絵柄の振袖を着せた」といえる。李陸史にこの翻訳を見せた時、「僕の詩がそんなによかったかなあ」と喜んだと金素雲は回想している[16]。

加えて、原詩で子音だけを見ても「ㄹ」「ㅎㅂㅍ」「ㅈㅊ」が多用され音韻としても美しく、「청포도」と「청포」は意識して重ねられている。日訳でもハ行の多用が爽やかさを醸し出している。

隠喩・象徴などのレトリックは、詩に欠かせないが、検閲を乗り越える武器にもなる。例えば、素雲は独立運動家の韓龍雲の詩集名『님의 침묵』を『愛人の沈黙』と訳し、「秘密」と「芸術家」を祖国への信仰から恋愛抒情詩として訳した。李相和「わが寝室」のマドンナも、女性として解釈を限定しない方がいいと筆者は考える。このようなレトリックという武器を日本の反骨詩人金子光晴も利用して、検閲の目をのがれて詩集『鮫』を出版できた[17]。そのような時代背景を理解する必要がある。

他にも、鄭芝鎔「カフエー・フランス」の「나는 나라도 집도 없단다」を素雲は「わたしには家も郷《くに》もない」と訳した。「亡国の

16　『天の涯』, 256頁。
17　金子光晴, 『詩人 金子光晴自伝』, 講談社, 1994年, 189頁。

憂い」を直接に出せば、伏字や発禁にされる危険がある。素雲は意図的に「望郷の憂い」に変え、都会の地方出身者の失郷の思いに訴えた。

5. 詩人へのレクイエムとオマージュ

『乳色の雲』や『朝鮮詩集(前期)(中期)』の詩人や詩を注意深く読むと、金素雲の個人的な思い入れが感じ取れる。『時代日報』投稿依頼の知人・友人関係の詩人が多いためであろう。一例を上げれば、金起林「追放のジュピター」と李箱「蜻蛉」「一つの夜」と頁を繋いでいる点である。モダニズム詩人金起林が李箱を悼んで詠んだ詩で、「追放のジュピター」は象徴化された李箱像である。

李箱は素雲が課外児童雑誌の発行に苦心していた時の同志であった。箱が東京で治安維持法によって一か月入獄し持病の結核を悪くして病床にあった時、素雲も毎日看護をしていた[18]。そして、彼の死を「沈痛儀杖—李箱에게 주는 시」[19]として哀悼している。

李箱だけでなく、童謡詩人で課外児童雑誌の協力者の劉道

18　青柳優子編訳・著,『朝鮮文学の知性 金起林』, 新幹社, 2009年。「故 李箱の追憶」より。
19　『韓国文学全集34』(詩集 上巻), 民衆書館, 1959, 339頁。

順、金廷湜(素月)、趙明熙、朴龍喆、李章熙、盧子泳(「前期」所収)らは病没、自殺、行方不明など植民地化の生み出した犠牲者ともいえよう。その意味で、金素雲なりのレクイエムと考えることもできる。

次に、「オマージュ」面を見る。まず、独立運動家の韓龍雲。前述したような抒情詩的翻訳で登場させている。また、のち親日人士の代表とされた李光洙だが、友人であった素雲は「朝鮮詩集(前期)」で「歴史家」という詩を選んでいる。「歴史家よ/君の歴史は嘘っぱち!/われらの愛が誌されていない歴史/そんな歴史があるものか、/われらの愛の破綻が誌されていない歴史/そんな歴史は知れたことさ、嘘八百さ(略)」と訳した。李光洙の総督府の植民地史観への怒りを「嘘っぱち!」「嘘八百」という俗語で大胆に代弁した。

紙幅の関係で詳述しないが、翻訳家金億、雑誌『白潮』などで活躍し詩集を刊行していた先輩詩人、呉相淳、朴鐘和、洪思容らも選んでいる。ひいては、元カップ書記長林和、朴八陽、朴英熙ら共産主義に共鳴していた詩人も加えて、「後期」が出れば完全体になり年譜も加わったはずだ。一時は岩波書店から『朝鮮現代詩選』も文庫版で出版する計画だった金素雲の無念は想像に余りある。

おわりに

金素雲は、ハングルと日本語で自作詩を44作残した。個人詩集こそ残せなかったものの、少年期から日本語詩、朝鮮語詩を投稿し、その過程で日本の詩や翻訳詩、詩人、詩友、そして詩潮に触れ、それが重訳や翻訳でもたらされた朝鮮半島の詩壇、日朝の詩友の交流も深かった。

これら日本の詩壇・詩人たちとの交流の中で身につけた日本語や韻文のレトリックが十分に発揮されたのが『乳色の雲』『朝鮮詩集(前期・中期)』であった。そこで駆使された文語、五音七音の律、古語・抒情語の多用は、意図的に日本人の心の琴線を震わせる戦術として使用されたと筆者は考える。

筆者は、このような抒情文語詩的改作に、金素雲の日訳への格闘の本質を見る。つまり、素雲にとっての日訳は、古典文法の習得、文語文への習熟、日本語の上質な雅語の選択、漢詩訓読風の文語定型詩の特徴把握、七音五音の律、五つの母音と九つの子音の韻の吟味など、日本の明治の詩人が愛用し、読者が朗読・暗唱を楽しんだ文語定型詩・文語自由詩の形式への挑戦だったと考えるに至っている。

その「意匠」としての文語定型詩に日本人が感服する姿は、若く貧しく屈辱的扱いを受ける植民地人素雲が自らの出自への優越感を得られる稀有な機会であり、それが自己肯定感と生きる意味を感じる契機となったのではないか。北原白秋が「

小憎らしい」と評した日訳の技は、朝鮮民族の誇り、苦悩、悲哀、解放願望、抵抗心を抒情の響きに包み隠した「鏤《る》彫《ちょう》の」日本語詩を創作するために錬磨された。

『乳色の雲』43人98作。出版時の平均年齢36歳。若い詩人、夭折詩人、中には素雲の友人も含まれている。『朝鮮詩集　前期・中期』では6人加わり49人186作を「鏤《る》彫《ちょう》の名訳」として訳出した。後期が構想どおり出版されていれば、更に新鮮な「気鋭の新人群」30人弱の作品も「朝鮮詩壇年譜」も日本の読者にも手渡ったはずである。当時の出版警察の弾圧、特に朝鮮人への激しい弾圧の実害がここにある。

加えて重要なのは、この詩集は金素雲だけの手になったものでなく、李陸史、金光均、尹石重、朴魯春、曹南嶺、許南麒、朴仁培ら東京の文学を志す人士や留学生たちも協力していた事実だ。彼らはアイルランド文芸復興運動の影響を受けつつ詩を創作し、詩誌や詩集を作成し、新聞記事に投稿していた。それを可能な限り集め、鎌倉の「望汝山居」に集い、民族の詩を残さねばならないという一念で、詩人との連絡、選詩や編集作業に没頭していた。日々、官憲の目が光り、朝鮮語の命脈が断たれようとする中で、可能な限り多様な詩人の詩を翻訳し伝え残そうとしたこの活動は、同化政策(朝鮮文化抹殺政策)下の朝鮮半島版文芸復興運動の小さな結実であった。

戦後編集された1953年創元社版と1954年岩波文庫版の『朝鮮

詩集』は、1940年『乳色の雲』と1943年『朝鮮詩集(前期・中期)』の詩人をほぼ受け継いでいる。素雲が朝鮮の詩心の復活を戦後日本でも試みたと言えよう。

『再訳 朝鮮詩集』[20]で戦後版『朝鮮詩集』の再訳を試みた金時鐘も、「金素雲の訳詩というよりも当時の日本の抒情詩にリズムを合わせた、金素雲自身の、詩の歌であることの確信を持った。(中略)金素雲先生とはその苦労を年月を超えて分かち合っている間柄だと、ひとり思ったりもしたものだ。」「廃滅されかねない朝鮮語の危機の中で、なおその言葉に執着した朝鮮の詩人たちの母語への尽きない愛にも、そして言葉そのものへの尊厳にも思いが至ろう」と述懐している[21]。

にも拘らず、1978年に編まれた亞成出版版『金素雲対譯詩集』では、金起林、李箱、許保、吳章煥、趙碧巖、鄭芝溶、白石、朴八陽、李秉珏、劉道順、林學洙、林和、金炯元、李燦、盧子泳、金龍濟、朴世永らは除外された。これもまた、南北分断という政治状況による除外ではないか。

素雲は『朝鮮詩集(前期)』の末文にこう記した。

> 心情の機微に触れ合った理解ほど確かな理解はない。どこかに知己がゐる。折にふれて朝鮮の詩心が、それらの人々の生

20 岩波書店, 2007年11月。

21 「『朝鮮詩集』を再訳するにあたって」, 同書, ix。

活の歓びに、はたまた心の痛手にしづかに浸透する日がある。

気長な望みである。気長に待たうと思ふ。

その「気長な望み」は、今日の日韓文化交流の浸透のなかに実現しつつある。

【参考文献】

(일) 中井裕子,「金素雲の「武器なき戦い」－「朝鮮人をして朝鮮人たらしめよ」」, 同志社大学 大學 博士論文, 2023.

(일) 三好達治,『屋上の鶏』, 文體社, 1943.

(한 · 일) 金素雲,『金素雲対譯詩集(上中下)』, 釜山 · 亜成出版社, 1978年10月.

(한) 金素雲,『맨발의 人生行路』, 中央日報 中央新書, 1981年10月.

(일) 金素雲,『天の涯に生くるとも』, 新潮社, 1983年5月のち講談社学術文庫903, 1989年11月.

(일) 福永武彦,『異邦の薫り』, 新潮社, 1979年6月.

(일) 呉世宗,『リズムと抒情の詩学 金時鐘と「短歌的抒情の否定」』, 生活書院, 2010年9月.

(일) 西原大輔,『日本名詩選 2 昭和戦前篇1928-1944』, 笠間書院, 2015年6月.

(일) 坪井秀人,『二十世紀日本語詩を思い出す』, 思潮社, 2020年9月.

(한 · 일) 金時鐘,『再訳 朝鮮詩集』, 岩波書店, 2007年11月.

(한) 양동국,「제국 일본 속의<조선 시 붐> – 유학생 시인과 김소운의『조선시집』을 중심으로」,『아시아문화연구』 23, 2011 等.

영인

조선시집 중기
朝鮮詩集 中期

朝鮮詩集
中期

出版會承認
イ 210130

(停)定價三圓五十錢
特別行爲稅相當額 十二錢 合計三圓六十二錢

昭和十八年十月二十日印刷 （初刷五、〇〇〇部）
昭和十八年十月廿五日發行

著者 鐵《てつ》甚《じん》平《ぺい》

發行者 平尾佐一
東京都中野區野方町一ノ六三一

印刷者（東東 一一七） 木藤秀雄
東京都京橋區湊町三丁目二番地

出版會登錄一一〇五七〇號
發行所 株式會社 興風館
東京都神田區一ツ橋 教育會館
電話 (33) 四一五一－四一五五
一七四〇

配給元 日本出版配給株式會社
東京都神田區淡路町二ノ九

내ᄂᆞᆯ오ᄃᆡ다ᄅᆞᆫ거신어뵈고ᄃᆡ만ᄀᆞᆯ쇠외거오ᄅᆞᆯ이
긔다ᄒᆞ니쥬이어듯디아니코집일릅구ᄅᆞ뷔니다
믿누기다이신다라부셥다와일그치다아니ᄒᆞᆼ
곱야을굴을뭇수이고져ᄒᆞᆫ골로내이제든
라나고져ᄒᆞᆫ니기ᄅᆞᆯ용이엇더ᄒᆞ요져시틔이신사
롬이그말을ᄅᆞᆸ슷고ᄅᆞᆸ구려부왜ᄅᆞᆯ세쥬이운엇
던사ᄅᆞᆷ이완다셩을셤하ᄒᆞ기ᄅᆞᆯ이ᄉᆞᆸ
쇼득이나ᄅᆞᆯ오다우라쥬인을져슴스ᄅᆞᆯ스만의
급졔ᄅᆞᆯ이려나와다ᄃᆞᆸ시므이여즛으나다이ᄅᆞᆯ의

朝鮮詩集 中期

金素雲 譯

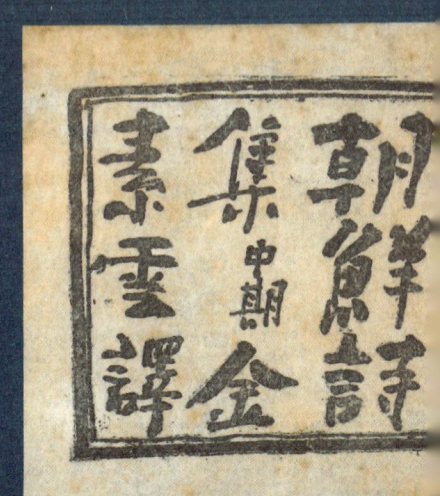

朝鮮詩集

中期

金素雲 譯

興風館 刊

御童形大歡喜天（板畫）

棟方志功

朝鮮詩集

中期

目次

〈五十音順〉

辛夕汀

趙重洽

異河潤

野菊

愛ほしや野に咲く菊の
色や香やいづれ劣らね
野にひとり咲いては枯る
花ゆゑにいよゝ香はし。

野の花のこゝろさながら
この郷土《くに》に生《お》へる詩人《うたびと》
ひとり咲き　ひとり朽ちつゝ
僞らぬうたぞうれしき。

水脈

ひとゝきの沼の沈黙《しゞま》も
堰切れば語らひ盡きず、

さゞれ石洗ひ濯ぎつ
ひとすぢに海へゆくなり。

山六里　野末を十里

水脈《みを》合ひて海へゆくなり。
朝は沼　晝は溪谷《たにあひ》
闇き夜も海へゆくなり。

さゞめきも　はた沈默も
ひとひるの束の間のゆめ、

夜をこめて　悼《とむら》ひうたに
急《せか》れつゝ海へゆくなり。

遠砧

秋の夜の長きをこめて
鳴りつゞく遠き砧の
窓深き内房《へや》にこもりて
ころも打つ加羅《から》のをとめが
そと洩らすためいきに似て
いやせちにこゝろぞわぶる。

宵毎に聽ける音《ね》ながら
聽き古りぬひゞきあらたし
秋草にすだく蟲の音
それならで白きこころもの
白かれとねがひ打ち打つ
あはれとよ加羅のたをやめ。

無縁塚

北門の
道の傍《かたへ》に草生へる
無縁佛の
塚一つ。

さすらひの
旅ゆく人が足とめて
塚のほとりに
憩ひしが、

國道の
拓かれてより　かの塚の
押し潰《くづ》されて
跡もなく、

塚の上《へ》に
蔽へる土や苔草の
道に食《は》まれて
はかなしや。

こゝろなき
人に踏まれて過ぎし日の
うたに噎《むせ》ぶや
昨《きそ》の塚、

主《あるじ》なき
無縁佛の塚ありて
旅ゆく人の
憩ひしが。

許

保

母の手

幼い日の寝床に
眠りを招いた母の手
その手は
指一本一本が
しなびて節くれだつてゐる。

かなしみも
この手で母は振り拂ひ
せつない苦勞のかず〴〵も
この手を握りしめて母は怺へた。

朝鮮の白い衣を
濯ぎ、縫ひ上げたのも　この手、
手鍬《ホミ》をとつては
荒れた畑地を墾《ひら》いたのもこの手。

子守唄に寝入つた
あの日のなつかしい母の手、
皹《ひゞ》、あかぎれにさゝくれて
節々のこわばつた　まめだらけの母の手。

方言

吾家の庭に
所在なげな家鴨二羽、
耳なれぬ田舎辯で
ひつきりなしに　呟き、しやべり、喚き立て——、

だが、さて彼等の方言を聞分ける者は
この家には誰もゐない。

老人

老人は皺がよらねばなりません
人生の長い旅路で得た
慈悲の微笑がその皺に刻まれねばなりません
それは老人だけに許された　まどらかな徳の圓光です。

老人は杖をつくべきです
惑ひもなく　おどろしい夢もない
さび〴〵と地にひゞく杖の音は
やがて
遠茜のやうな
美はしい死の憩ひを　あなたに齎すことでせう。

裸木

將に冬の至らむとし
新らしき春に構へて淨きを願へる木は
まつはれる葉を振り落し
天空《おほぞら》に頭《かしら》かざして禱るなれ。

たまさかに風來り
落葉の舞へば
過ぎし日のあつき想ひ出甦り
身をこそ顫ふ。

さはあれど禱は止まず
信念の根を搖がする
猛き風の吹き襲ふとき
決意の人の唇《くち》嚙めるごと
をのゝき搖ぎて立悚ふなり。

すがれたる冬を犒ひ
雪白く降りて
裸木に衣蔽へど
はかなしや　凍れる枝に
萠え出づる芽はあらざり。

金允植

柊柏の葉に耀ふこゝろ

わがこゝろのいづかたにか　涯しなき江《かは》流る
さしのぼる朝日影　艶やかに光をぞ添ふ
眼《まなこ》にか　胸にか　はたまた血《ち》脈《くだ》にか
こゝろのさやにこもらふところ
わがこゝろのいづかたにか　涯しなき江流る。

春の墻

石墻の反《そ》りをめぐり
月は流るゝ　霧は流るゝ
白き影
銀糸をたぐりて
夢の苑へ　行きゆく春の想ひ。

除夜

明けかぬる一夜《ひとよ》の蠟燭《ともしび》　じじと燃えくづれ
え勝えぬ重たき　いづれの星の墜つるならむ。

くらやみの露路露路に愁ひは垂れ
明けかぬるこの一夜の　かばかりの猛々しさ。

白紙《しろがみ》の雪洞、たをやかの歩み、
井戸水汲みそゝぐ　しめやげるこゝろ。
一年《ひととせ》の戀ふる念ひ　盛りさゝげてぞ
禱らまし　この一夜　白《しら》めよとこそ。

雨の日

ポール・ヴェルレーヌ

空《から》のポケットに手をさし込んで
　くちずさむ日
総身がぶるんぶるん、泪もちくりと出るわいの、
雨のからうまあ降りしきる日は
哀れな科白の千ほども　書きつ散らしたものかいな。

金起林

蝶と海

誰も水深を教へたものがないので
白い蝶は海の懼れをまだ知らない。

青い大根畠かと下りて行つては
いたいけな羽を波頭に浸し

王女のやうに打萎れてかへる。
三月の海原に花の匂はぬうらはかなさ
蝶の背に蒼白い新月が泌みる。

ガラス窓

ねえ――
わたしのこゝろはガラスかしら、冬空みたいに
こんな小《ち》さい吐息にも　ぢき曇つてしまふ。

觸《さは》ればまるで鐵のやうで　そのくせ、
たゞ一夜の霜にも罅《ひゞ》が入《い》るもの。

吹雪の日は音立てゝ鳴り、
夜の退《の》いたあとは頬一ぱい霑《うろほ》ふ泪。

燃えあへぬ情熱、かうもりたちの燈臺、
夜毎の星を羨んでは仰いで明かす——。

ねえ——
わたしのこゝろはガラスかしら、
月の光にさへ　こんなに砕けてしまふ。

共同墓地

日曜日の朝になると
日向の丘では
墓が蕈《きのこ》のやうに一齊に生え出る。

口一つ利けぬやうに封じてはあつても

默示錄の喇叭が待遠しいのだらう
吹過ぎる風の音にも　耳を欹てる。

汐鳴りのする月夜は
背延びをして
やるせなげに　海《うな》面《つら》をさしのぞく。

池

もろもろの輝くもの綾なすものを吸ひ盡して
池は眞夜中の弛《たる》む瞳のやうに目を閉ぢる。

杜の中で　池は蟒《うはばみ》のやうにとぐろを巻く
きらびやかな　目くるめく　一切を呑み下して――。

われとわが沈默に身が悚む、
底知れぬ透《すきとほ》りに息を呑む。

蔽ひかぶさる闇の中で刄のやうに閃くのは
光と色が溶け殘した精氣の凍り。

風で罅が入り　兩脚は突刺されても
池は恙なく目醒めて　遠い曉の空を見上げる。

スケーティング

一月の大氣は
透明な分光器《プリズム》、

胸にぶつかる
陽の光は七色のテープ。

玻璃の江《かは》面《づら》は
蒼い着物の季節の化石である。

つぶることを知らない
眞珠の眼・眼が見上げる魚族たちの圓天劇場で
いま私が　幻想のアウトカーヴを切れば
雲の上からは　期せずして天使たちの拍手が起る。

漢江は　まだ手をつけない

眞新しい一枚の原稿紙。

私は　私の觀衆——雲たちのために
その上に私の詩を綴る。

交錯線のたはむれ——、すべての角度・曲線から開花する藝術、
記號の上を規則正しく辿る時計の忠實を私は知らない。

時間の軌道を駈けまくる

個放蕩な運命に過ぎない、私は…………

蹠に
太陽ののろまを嗤ふ二すじの刄…………

私は　氷の床に滑る
ひたすらに奔放な　速度の一騎士であればよい。

追放のジュピター

芭蕉の葉つぱのやうにへし曲つた中折帽の下で
垢じみたパイプは聖ならざる圓光をせはしなく吹き上げる。
巷を駈けめぐる夜の暴行に聴き入つては
聳やかした肩が椅子椅子に蠢き

住民たちは　はや　海の誘惑も諍《いさか》ひの興味も置きざりに
してしまふ。

ガンダーラの壁畫を倣ねた斑《ぶち》模様の盞から
ジユピターは中華民國の膏血を呑み干して顰つ面をする。
「ジユピターさま　お酒は何になさいますね」
「さやうさ　戸棚の中にあるあの登錄した思想といふやつ　あれは止してな、大分古くなつたで　氣が抜けとるぞきつと、
今夜の儂の新鮮な食卓には

頼むからへんな臭ひはさせんでくれい。」

ジユピターの顔には絶望の笑ひが薔薇《さうび》のやうに白い。
ジユピターはいま　シルクハットをかむつた英蘭銀行の
ノーマン氏が
はてさて大英帝國の朝かたけが切れて市場へ雞卵《たまご》を賣り
に出たところを出會ふ。
それでも雞卵の中では
ビクトリア女王直屬の樂隊が行進曲《マーチ》を奏でてゐたげな。

ジユピターはロツクフエラー氏の庭園に咲亂れた黴の生
えた節操どもをさらに讃めちぎらない。
星のやうに繁合《しげりあ》ふもろ〳〵思想の草花や
肥えた薔薇《さうび》を吸ひ盡して傲然と頭《かしら》を擡げた恥辱たち——。

ジユピターは雲を信じない、薔薇も　星も——、
ジユピターの懷にぶつ斃れた天使たちの屍體、
どす黝い血に凍つた羽が輕氣球のやうに潰折《くづを》れる。
聞分けのない愛人は　けふもジユピターに情熱をせがむ
が

ジユピターの顔に浮ぶ薔薇の笑ひは雪よりも冷たい。

どう打叩いたところでストラヴィンスキー氏の如何なる
　拙作にもまして耳障りな
ド・レ・ミ・フア……人生の一週間、
銀釦《ぎんボタン》と、貝殼と、金貨と、女と、
佛蘭西人形と、幾片《いくひら》の夢のかけらと——
ジユピターの手慰みは何一つ氣乘りがしない。

立籠めた霧が幾重にものしかゝる四辻では

交通巡査ローラン氏、ルーズヴェルト氏、其他の諸氏が
今や思ひ〳〵にキリストの身振りよろしく立動き、
出まかせなシグナルの青や赤は到る處事故を捲き起す
とりわけ眩《めまひ》の種はフランコ氏直立不動の姿勢。

ジユピターは世紀の傷痕である。
惡の氣流が襲ひかゝるたびに　その傷は疼くのである。
ジユピターは焦立《いらだた》しげに叫ぶ――
「襤褸《ぼろ》でも新聞紙でもよい　誰かあの太陽を蔽はないか！
目の潰れたパレスタインの殺戮を煽り立てる

あのふて〴〵しい大英帝國の太陽を儂の目から隠しち
まへ！」

ジユピターは或る日　よれ〳〵の襤褸ぎれのやうな
繍《ぬひと》りの形而上學や　體面や噓つぱちを　掃溜に叩き込ん
だ。
手違ひだらけの人生を貪る腐れ果てた體重を抛《うつちや》つて
パレチノンへ　パレチノンへと翔び去つた。

だがジユピターは　大方いまごろセラシエ陛下のやうに

擦り切れたマントをはおり
崩れた神話の跡ポンペイの海邊を
風を引具して行戻りしてゐることだらう。

ジユピター昇天の日　禮儀知らずの沙漠には
マリアの聖歌隊も　焚《ふん》香《かう》もなく
行暮れた星たちが遊牧の民のやうに
虚妄の空氣を呼吸しながら飛び廻つてゐた。
それでもノアの洪水よりまだ暗い夜は
闇にうづくまつて兩の瞳をつひに閉ぢないでゐたといふ。

金珖燮

空莫

悲哀の言語を滅し
信念の中世を滅し
時代の苦惱を滅したる後、

わが體重は輕氣球と化して飛ぶ、
わが未來は輕快に上昇する、
さて終《つひ》には　冠毛の如く空の涯に到りて涕《な》く。

夢

日毎、夜毎、
汝と共に訪なふ花園のあり、

底ひなき心
終りなき念ひ——

抽象の世界の現實に到り得ざる日と夜のゆゑ
わが夢は恒に青春たり。

燭

神々の脂肪を得て。
炎は燃えたりし。

こゝろを火に焚き　肉體を喪へる夜
爾《な》が室内に　われは在りき。

一日を賣りて　一瞬を購ひ
いみじき千年のロマンスを聽けり。

個性

いぶせき山里の
石一つと生ひて
巖《いはほ》とはならざるとも、

いと小さきせゝらぎにして
つひに大海に到らざるとも、

汝、無限に飛翔する瞬間を見失はざれ。

蔭宿る日

躑躅の散るとき　幼い國は崩れる、
杏の花散るとき　愛は囁かれる、
梨の花の散るとき　白い夢は掻き消える、
花が散れば光と香《か》は　地に埋《うも》れるばかり。

散り盡した花のあとへ波寄せる綠の蔭、
梢にはみづ〳〵しい新綠の身じろぎ、

蜩《ひぐらし》を招く手は淨くすが〳〵しく
花よりもなほ心惹かれる季節の正午。

一晝の口笛にこゝろ和む綠の鄕《さと》
草の葉に　をさなごゝろの幻は蘇り
その昔《かみ》傷いた指に新しい血が噴く
草叢に夢ごと眠る遠い日の想ひ出のかずかず。

金尙鎔

短章

往きがへり
旅の袖、
あなたとは
暫し道づれ。

*

生の縦、幅、重量《おもみ》が溶けて
珠一つ成るといふなら
紅《くれなゐ》の爐にも投げよう。

一行の詩さへ
心臓の血で綴り……

水と空、愛からさへも見放される日が來たら
うらがなしい栗鼠のやうに
この塒に憩ふばかり。

南に窓を

南に窓を切りませう
畑が少し
鍬で堀り
手鍬《ホミ》で草を取りませう。

雲の誘ひには乗りますまい

鳥のこゑは聴き法樂です
唐もろこしが熟れたら
食べにお出でなさい。

なぜ生きてるかつて、
さあね——。

螢火

爾《なれ》は靜謐の燈燭《ともしび》
新婦なき洞房《ねや》に閉さむ。

嫉む人なき爾を
などか象《かたど》りて心釀《かも》せし。

あへなき願ひに夜去れば
かなしき朝《あした》、
爾が炎は　寂《しつ》かに消ゆる。

金泰午

石窟庵

暁の靄《もや》垂れて
やがて秋雨の　さゝやくごとし。
日出東海《につしゆつとうかい》！
海　飜《ひるがへ》り
赫き陽よ湧け。

見遙かす連峰の彼方
海原の日をぞ招かむ
こゝろに祕めしねぎごとの
いまこそ成れよかし。

岩壁　石門に入れば
大本尊かしこしや
身じろがぬ御像《おんすがた》、慈悲の化身、
生々《せい〳〵》たる血脈《けつみやく》の流れ打つごと。

燭明りに耀《かゞよ》ひ在《いま》す
觀世音菩薩の聖像《みざう》
和やかに　かつは嚴か——、
この燭《あかり》消えぬ間に
いまひとたび拜《おろ》がまむ　こゝろの扉《と》押し開きて。

新羅《しんら》の華、
不滅のいさをし！
千秋　星遷れど
聖意《みこゝろ》の朽つる日ありや。

匏の花

ほの白く　匏《はう》の花笑む
はにかみ顔に。

初々し　愛《めぐ》しかの花
笑まふ口《くち》邊《べ》のふくよかに。

爾《なれ》は眞白の山家處女《やまがをとめ》
豐けき古譚《むかしがたり》祕め――、

うつうつと睡《まどろ》みて
鈴《すゞ》生《なり》のゆめこそ搖《ゆら》げ。

來ん秋の匏《はう》割《わり》に
出づるべき寶*は何ぞ、

蒸し透る眞夏の屋根に
匏の花　ほの白く笑む。

＊傳承物語に興夫傳と謂へるがあり、强慾の兄に追はれた貧しき弟が傷ける燕を助けて翌春匏の種を齎され、やがて實るに及び、匏の中より數々の寶を得たりといふ。

蘭

凄涼たり　蘭の夢
郷愁　いや深き夢。

わが花園を守りて立てる
蘭一《ひと》群《むれ》、

夢の搖籃に生く。

眞美にして　淨らなる性
浪漫の思念、
濃水色の幽遠なる象《すがた》——
しづもれる知性は湖心の蒼きに似たり。

蒼空の　流れの岸
星とさゝやける　かの谷へ歸らばや——
想ひわび　心の病みて

ふるさと遠き苑に　愁ひ立つなる。

郷愁に涙垂れ

けふを哀しみ　あすを理想する　あはれ蘭。

高原

高原――
こは思索に沈める久遠の哲學者、
われいま　かの傍《かたへ》にありて　深遠なる哲理を聞かんとはすなり。

純潔の鈴蘭、　淸楚の桔梗、
かばかり繁き白樺の木立よ

神祕なる帳幕《とばり》の裡に生ひ育ちし高山植物は
聖潔の法衣纒へる穢れなき乙女の姿。

木の間を翔び交ふ山鳥の羽音は
ゆくりなくも搖籃の失へる歌を探らしめ
山々は今し快き午睡に入り
太陽は谷間に金色の褥を延べたり。

峰をめぐりて登り來る人の
息づかひ聞ゆるごとき靜寂のひとゝき。

遠霞む山並は夢みるごとくなだらみ
白き煙一すぢ　聖なる香煙と搖れ上る。
嚴肅と敬虔　いとゞ身に迫り
をのゝける念ひに　おのがじし頭の垂るる。

高原――
こは莊嚴にして慈悲湛えたる聖者、
われいま幼兒のごと　かの懷に抱かれむとは願ふなり。

（金剛山毘盧峰にて）

金大駿

山上高唱

山も　野も　村里も　市場も
おしなべて　雪に閉され　雪に眠り
おゝ　蒼い月の光の波打ち寄せる
白色の搖籃よ！

谷を渡り　崖をめぐり
江岸を過ぎ　野原を越えて
蜒々と涯しなくつゞく二筋の轍の跡
月光に照し出された二筋の轍の跡。

足許に横たはり昏々と眠る大地よ
痩せ衰へたそなたの乳房に縋り
冷え切つたそなたの胸にもたれて　むづがり泣く幼兒たちの
その絶え〴〵の息吹の上に

ぜんたいそなたは　どんな譜表を挿さうとなさるのか。
搖籃に眠る　幼兒たちよ
雪降り積る藁家根の下で
見果てぬ夢の　何と長いこと！
念ひを翼ある鳥一羽となして
いまのいま翔りゆき
その夢の上に　その息吹の上に　告げなばや春の報せを！

蒼穹を支へて雄々しく立つ母岳、
波濤を蹴つて遠く連る邊山の連峰、

おゝ　大地、曉を息づく大地よ！
蒼白い月を射て落すべき胸に
日輪のさし上る　この胸に
抱かれたまへ　いまこそ
驅り來て　抱かれたまへ！

*

南の空、その下に憩ふ黃海——
雲が白薔薇と　咲きひろごるところ
月夜の詩畫を慕ひ

江邊の砂を踏んで　來は來たが
その夜そこで　聞きとめたは
鄕愁に濡れた　一つ雁の聲と
時たま鳴りひゞく　氣だるい商船の汽笛ばかり。

金大鳳

無心

藥罐に湯は滾《たぎ》り
暫し枝に花の咲く。

炭火おこり
花の咲く、

湯は滾り
花の咲く。

咲ける花に
晝なし、夜なし、
咲ける花に
雨なし、雪なし。

咲ける花に
女なし、酒なし、歌なし、

咲ける花に
主人《あるじ》なし、さてはまた客もなし。

なほも
炭火は赤く
湯は滾り
花の咲く。

病室

墓場に立迷ふ幽霊のやうに
患者は生死の曲線をよろめき——

勝ち誇つた病魔は

彼等の地下で合唱する。

廊下の薄暗がりに
屍布を打振りながら
黒豹の眼のやうに亂舞する骸骨ども。

失神したベツト、
血と膿に汚れた思念の鎖は
人間の精神の無能を彈劾する。

肉體が朽ちれば靈魂も卽ち朽ちる
刳られた眼球、斷ち落された脚、
見たまへ
五臟の退化を統御すべき精神が
つひに肉體を支配出來ない事實を！

病に拉《ひし》がれた者の戰慄を、不安を、
一呼吸、一脈膊に探り得られぬといふなら
汝醫者よ、所詮は眇たる　そなたは病の使者ではないか。

病こそは自然の惡意
抗争せよ　善醫！
日に日に研ぎ立てられる心中の鋒《ほさき》が
病室より全き解放を得られるゝ日まで。

手術

メスと鋏の睦言は
患者の血を啜る舌、
鉛のやうに横たはつた患者は
海底《うなぞこ》へ引入れられた牛である。

腐つた血の臭が
沈澱した生命から立ちのぼり
せはしい息づかひが
剝奪された生存權を威嚇する。

誰あつてかよく　その生命を保障するものぞ
無慈悲な自然の殺意に
抗爭する醫師の登壇のみ。

大膽に、細心に、敏捷に、
一滴の血を惜む彼は
外科史に歸依した修道女。

閻王の眼《まなこ》と輝く照明燈の下で
焙刑《ひらぶり》の恐怖に身をよぢる患者の長嘯！
透明な彼女の呂律。

生を生とせず
死を死と見ぬ刹那刹那の連結に

全神經を默殺した銅鐵の意志――その意志のテンポが
彼女の面《おも》に泣笑ひのカレイド・スコフを廻す。

金龍濟

揚子江

萬里の長城は
東洋最大の建築だが
それは一時の榮華を語るのみ
おゝ揚子江とは

何と巨大なる佳人の名ぞ
彼女の胸の深さを知らず
彼女の兩手の廣さを知らず
いづこより來ていづこへ去るや
その古さを知らず
その若さを知らず
今日も悠々と大陸に脈搏つてゐる。

揚子江は
何千年の支那學の母

その文化は流域の沃野に絢爛と花咲いてゐた
そこに春秋時代の太平が謳はれ
通鑑十五巻の歴史が織られた
幾多の王朝が興亡し
幾百の英雄才子が日月を爭つた
その傳統のほとりに
幾十億の生が産湯を汲み
幾十億の死が輓歌を流したか
今又幾億の民衆が
苦力の運命に呻いてゐるか。

揚子江よ
お前の古さと若さは知らないが
とかく今は餘りにも無知すぎる
支那自身の未來のために
全東洋の幸福のために
お前の無知は嘆かはしい。

不幸なる佳人の運命よ
お前はまだ放浪の悲哀を知らないか

なつかしい故郷を思はないか。

だが揚子江よ
お前にはまだ歴史の記憶がある筈だ
堯舜の愛《め》でたかの星影は
今も尚お前の鏡に美しく宿つてゐる。

これはまだなまなましい思ひ出だ――
ユニオン・ジヤツクの西方の旗が
お前の處女性を犯かし

阿片戰爭の魔藥を注射されてより
お前の純潔な血は濁つたのだ。

東洋の佳人よ　憐れなる古き名よ
阿片の注射に中毒して
濁つたお前の血は更に狂つて行つた
もろもろの碧眼の放蕩兒に
欺され奪はれることも知らず
領土をやり鹽稅をやり
鐵道をやり鑛山をやり

そして唇も乳房も捧げてしまつた
おゝ傷だらけの揚子江よ
お前は何と恐しい賣笑婦だ
お前の運命の末を思ふがいい
自ら歐米の植民地にならうとしてゐる
四百餘州を彼等に裂かれ
四億の民衆を奴隷に賣らうとしてゐる。

神經の狂つたお前には
揚子江に溺れてもがく

無數の生靈の涙の味も知らないか
支那事變の砲聲にも醒めないほど
醉ひ腐つたのか　聾なのか。

お前の傳統や自然の流れは
西方の高原へ溯りはしまい
昔ながらの東方へ流れてる
そこに新しい亞細亞史のコースがある
お前の永遠の道がそこにあるのだ。

支那の母なる揚子江よ
同文同種の友邦は亞細亞建設を呼びかけてゐる
四億の民はその握手を欲してゐるのだ
母性愛の昔へ還り
今こそ覺めて沸きかへれ！
今こそ東洋の建設を吼えろ！

青春

戰ひのさ中に
私は今熟した麥畑に伏してゐる
銃身が燒けるほど
血盟のつぶてを放つてゐる。

鋼鐵の破片が亂れ飛び

無氣味な死の嵐が流れて來る
一つの彈丸が
一つの生命を狙ひ
一つの瞬間が
一つの運命を飜弄してゐる。

味方を狙擊する
橫なぐりの敵彈が
悲壯な吹雪を浴びせ
麥の密林を梳けづつて燒き倒す

熟した麥の實が
銃火に焦げて地上にばらまかれる。

私の目の前の掩護物は
平和に耕したかつての日
百姓の鍬を嚙んで掘り出された
一塊の褐色の石があるのみ
この我が小さな城壁に
既に幾つかの彈丸が當り
火花と共に粉碎される石の煙が

私の眼を奪はうとしてゐる。

私の次ぎの瞬間が
かの一莖の麥運命に似て
この麥畑の一隅に
はかなく消えて行くかも知れない
だが青春の火花が
燦々と輝く瞬間の續きだ
そこらの無心な花のやうに
私はまだ明日の生命を信じてゐる。

私は今何も思ふひまはない
そしてそんな必要がどこにあらう
だが私自身のではないやうな
或る神聖な聲が
ふとこんなことを囁いてゐる
「生命とはすべてのものだらうか
生命の彼方に
生命のすべての價値を見よ！」

「生命とは最後のものだらうか
その美しき歸依の彼岸に
永遠の聲を聞け！」

「破壞と墓標のさ中に
生命を信ずることは圖太く強い
また創業の土臺となり
死に瞑することは更に美しい！」

「死して皮を貽す虎は賴もしい

だが美名をも超越した
無念の生き方と死に方に
戰ふ神の心を思へ！」

これらの囁きを聞く瞬間も
私はこんなに戰つてゐる
現實の中の自分を守つてゐる。

私はただ無念に銃を打ち
既に銃先に劍をさし

肉彈の用意は出來てゐる
突擊の命令を待つてゐるばかりだ

敵彈の吹雪は尙も激しく
私の青春のつぶてなる
彈丸は殘り少く減つてゐる
前と後の戰友が
次々と倒れ又は傷ついて行く
我が部隊は今苦戰に陷つてゐる。

私は物云はぬ戰友の
彈丸を集めて銃にこめる
愛する戰友の瞑福を
その復讐の中に誓つてゐる。

私の打つ彈丸は
一つ一つが
必ず敵に命中することを信じてゐる
一つ一つと
必ず敵彈を打ち止めることを信じてゐる。

私はこの息づまる瞬間
生をも思はず
死をも思はず
ただ青春の火花を散らしつつ
戰ふばかりだ！
戰ふばかりだ！

山の神話

四季の雲に色づく山のあるところ
千古の光を浴びて樹々は招いてゐた
山寺の鐘の音も空の壁に呑まれ
人里の雞の聲も遠く絶えて聞えなんだ
密林地帯に住む山の人々は

原始の火と斧だけで強く生きてゐた。

峰の高みに鷲のやうに巣を結んだ
谷の深みに虎のやうに穴を掘つた
はがねの斧を風に鳴らす男たちは
鼻唄のはづみで大木を地上に倒して行つた
火の神のやうに薪を焚く女たちは
樫や楢の丸太を飴見たいに折つて投げこんだ。

炭を焼く平和な青い煙は

晝も夜も山の精氣にたなびいてゐた
熊の手のやうに眞黒く働いて
世の人々のために火の種を貢ぎながら
山鳥のやうなつつましい生活を樂しんだ。

美しい五月の陽が山畑に當り
馬鈴薯の花が紫に咲きにほふと
少女たちは玉蜀黍の髭で赤い玩具を編んだ
夏は麻絲で涼しい仙人の帯を手織り
冬は毛皮の床で神農の夢を見た

み山の神靈や祖先の祭のために
石甕の中には山葡萄の酒が何時も青かつた。

泣く子をだますおどし言葉に
狼などの話では小耳もかさなかつた
足の長い章魚が裏の岩から下りて來て
船に乘せて海へ行く話では聲をのんだ
——あゝ山の搖りかごは有難いかな！
若者は樹脂の情熱で語り
娘は花瓣の微笑で囁いた

鹿を呼ぶ合圖を森かげに歌へば
谷々に谺して山彦が呼び合つた
山の神話を曾孫に語り傳へる百壽のおきなは
その髪のやうに白い齒並で
あの石のやうな胡桃を割つてゐた。

吳熙秉

爐邊哀歌

夜もすがら風は鳴り　空に滿つるなり
裏山の柿の木の　葉一つ殘らず散りたらむ。
季節の凋落、葉毎に宿る情熱の血を
里の子等こぞりて踏みしだくなるべし。

刻《とき》さへ定めあへぬ　おゝわが破鐘《やれがね》よ
鬱寂の夜空を　そも默守すべしや。

雲のかぎり叫べる雁《かりがね》の聲も
いまははた遠のきたり　空蒼き彼方へ。

獨り　爐邊にゐて眼《まなこ》閉づれば
鄕愁の霧雨に　しとゞ濡れゆく念ひ。

夢のごと遥けき過ぎし日のわが愛よ
汝《な》が乳房より追ひ放たれて幾久しきぞ。

吹き荒るゝ嵐に　道なき道を
辿り喘ぎて　わが心臓《こゝろ》の裂かれたるかな。

抱ける刄の赤錆びたるまゝ
焉んぞ堪ふべしや　路傍《みちのべ》の屍《かばね》を。

語らはぬ冷灰《はひ》に現はれゆく文字の

掻消すによしなきそこはかの想ひ出。
——やがて雪白く野山に舞はむ。
——やがて日は暮れむ。

辛夕汀

石

石一つ雨に濡れゐて　苔蒼くむし
靜かなる黄昏の沁み入るごとし。

かの石の下
小さき蘭一つ植ゑばやな、
石のごと　もの言はず育ち

月の光のごと　蒼き香りのこもらむに。

幾千年　過ぎし日の物語祕めてか　かの石——
幾千年　後の世の物語祕めむか　かの石——

石に似て純《きよ》らけく
和めるこゝろ肖《あや》からむ、
聖《み》堂《どう》に灯れる燭《ともしび》のごと
穢れなき炎《ほむら》と　わが老ゆるまで。

わたしの夢を

陽ざしの透《すきとほ》る空の蒼い路を踏んで
見はるかす山向ふの見知らぬ國へ　みぐるみわたしを抱き運んで下さるでせうか
お母さんがもしも雲になれたら——。

風凪いだ夜の空　靜かなる銀河を漕ぎわけて
星の國を殘らずわたしに見せて下さるでせうか
お母さんがもしも新月になれたら——。

もしもわたしが山鳥になつて塒に眠入つてゐるとしたら
お母さんは星になつて　月のない夜の空から
その蒼い瞳でもつて　わたしの夢をさし窺いて下さるで
せうか。

わたしの寝床を

あなたは　わたしの寝床をお護りになれますか
あなたは　なぜわたしが寝床近くへ
あなたをお招きしたか　ご存じですか
そしてあなたは躊はず　わたしの寝床のすぐ傍へ
その愼み深い歩みを　お運び下さるでせうか
春よ——。

わたしはこの麗しい綠の寢床を　あなたが齎したことを
よく存じてゐます
かつはわたしによき眠りを餞けるため　陽もまだ沈まぬ
うちから
あの遠い杜の蔭で　平和な夜を用意しては
靄こめた湖水の上を　そつとわたしに送られることも知
つてゐるのです
春よ――。

陽ざしをなつかしむ山鳥や　幼い野鳩の群を
彼等の素朴な寢床へ歸らしめ
江岸《かはぎし》にざぶりとかゝる波も寢靜まらせて
蒼い星屑の二つ三つをその靜かな江面《かはづら》に流しやり
あなたの夜を照らすあの月にも面紗《ヴエール》を蔽はせて　さて
大地に彩《あや》なされるこれら仄蒼い夢を　あなたは靜かに見
　護るのです
どこぞの低い丘に坐を占めて——。

春よ、

あなたが嬰兒《みどりご》の頬のやうな柔い寝床をわたしに與へ
莊嚴で平和な夜をわたしに齎すやうに、
わたしの生活《いとなみ》のうちでこよなく喜ばしい「眠り」が夢も
　なく圓《まど》ろかに結ばれる前
麗しい朝をわたしに約束し、
その眠りの醒めるまで
わたしの寝床を見護つて下さるでせうか　いつまでも
春よ――。

野路に立ちて

山の　白雲をいただけるごと
わが頭上に渝らざる蒼空はあり。

森林の如くに蒼空へ
兩の腕《かゝな》を翳し得るは　如何に氣高きよろこびぞ、

靱《つよ》からねど　わが脚は若き山脈、
轉《まろ》びて止まぬてふ圓き地球を踏まへたり。

搖ぎなき山と一つに、
地球を踏まへて生くるは　如何ばかりのよろこびなるぞ、
生活《なりはひ》の笞《しもと》は骨に軋るもよし
夕闇の野路に立ちて星の高きを仰がなむ。

篁にて

篁《たかむら》へ行く
篁へ行く
一圖に　繁れる　篁へ行く。
垂れこもる夜霧に虫はすだき

虫のすだきに月の光の蒼白く潤みては流れ——。

篁はよし
繁れるはよし
ひたすらに念ひ哀しみ　篁はよし。

花粉と散り注ぐ月の光に
立ちひそみて　竹のごとくに生きむかなわれ。

五月となれば

五月ともなれば
五體からは　一ぱし植物の匂ひがする。

そのまゝ土に捨てたら
いまにも四肢から青い芽が生えて出さう。

五月の頃ほひは

願はくばわが身よ　植物性と變れ。
日蔭は如何に暗からうとも
首から出た青い芽は　光の方向へ延び上らずにゐない。

五月が來たら
血脈はそのまゝ葉脈となれ

胸にたつぷり葉綠素を蓄へて
空仰ぐひともとの樹と生きるのだ。

登高

山は雪で白かつた。

黄海の遠い視野に片帆の影一つちらつき
暖い陽ざしが蘆嶺山脈の秀麗な面ざしに照り添ふ
午後——

私は岩の上に腰かけて
香《かう》ばしい松の實を

一つ
二つ
一つ　二つ
剝いては食べた。

私は急に　山鳥のやうな身輕さを覺え
私は急に　山鳥のやうに飛び立ちたい衝動に驅られた。

あの平穩な蒼空を
堪え難いまでに平穩な　あの蒼空の下を——。

稚さい獣

蘭《ナニ》とわたしは
山の上から海を見るのが好きだつた。

栗の木、
松の木、
樫の木、

楡《にれ》の木、
疎《まばら》に立つ樹々の間を　海は空よりも蒼かつた。

蘭《ナニ》とわたしは
稚《ちひ》さな獣のやうに並んで坐つて海を見るのが好きだつた。
獣のやうに　默つて坐つて
海のやうに　默つて坐つて
海に見入るのは樂しい仕草であつた。

蘭と二人して　海に向いて

紅い珊瑚の、白い大理石の、雲のきざはしをたどりながら
水鳥のやうに浮んでゐる青磁色の島を見やるとき、
舞ひ落ちた楡の葉が一つ、心のときめきのやうに
ふるへながら蘭の髪毛に　まつはりついたのをわたしは
見た。

蘭とわたしは
またしても楡の木の下にうづくまつて
いつまでも海に見入つてゐる素直な稚さな獸であつた。

趙重治

黄昏

すでにして靄低く濡れ沈み
重たき沈默に閉されたる廢墟の
蔦かつらに似る思索の鍵袋まさぐり
樂《らく》浪《らう》千年の野葡萄を摘みとりて食《くら》ふかな。

*足袋紐解きて　礫擲《なげう》ち

遙かなる歴史の湖心に打沈むる懷古
樂浪の古き野に黃昏はいま到れるなり。

*足袋紐——下服の足首を結ぶに用ひる紐（タニム）。

安東茶寮

情景は頗る溫和に見えて
その實冷やかな悲しみの底流はながれ、

卓上の連《れん》翹《げう》はさも淨らな春を裝ひ
異國娘ターシャは蘆のやうに痩枯れてゐる。

歪《いびつ》な胡弓ながら錆びた傳統を窺ひに來て

呑み慣れぬウオツカの盞重ねる焦燥。

一つ灯《び》のやうに熱つた頬を大理石の卓子《テーブル》に當てがひ
沈默の深淵に憧憬の釣糸垂れても見るが——

醉潰れはすまいか、いまにもべそを掻きさう
かうして　いつそいつ〳〵までも　浮草の旅が續けられ
たら——。

瓦片

うら悲しい物語
うれしい　なつかしい物語
淡くはかない物語
物語！　物語！　物語！
底知れぬ　涯知れぬ　その夥しい物語！

手負ひのやうに創だらけになつてもなほかつ
口を緘して守り通したその節操。

斯くまでに峻烈な意志！
斯くまでに搖ぎない沈默！

けふもまた瓦片《かはらかけ》を賺しては
年經りた　昔がたりを私はせがみつゞける。

マドロス

マストの尖に灯されたランプが落ちて砕け散り
千切れた襤褸ぎれのやうな萬國旗がはた〱となびく。
暴風はまだ凪ぎ止まない。

波に　船べりが、岸が、
それから
波と波が　もみ合ひ　ぶつかり合つて　闇をゆすぶる。

見知らぬ土地の見知らぬ港に不時の碇を下し
嵐の夜が　胸の隅々を空つぽにする。

老齢貨物船の　油にまみれた船乗たちは
金魚の唇のやうな灯の町に吸ひ込まれる。

庇《ひさし》のない帽子に手をつけて軍人のやうな挨拶を交し
ケラケラとただ笑つては娘を抱き
僥倖にも　陸へ着いたこの日の倖にさざめく。

マドロス
ブラボー
さらば歌へ！
盞を干せ！

このテーブル――こゝには時計がない
更けわたる夜
外では　未だに暴風《あらし》が咆え
雨さへ加はつて　窓を打叩く。

夕宴

午後四時半ともなれば
ビルディング街の陸戦隊は
見る〳〵うちに目鏡をかけ換へる。

食糧は　まづよし
さて

茶なりと一杯、
バー銀鈴の
ソフアの動搖は　ちよいと乙ですな
莨も一服つけてと――、

思索の實なんどは　うらなりと決つたもの
沈鬱の齒ごたへがまたぞろ――えい　いま〳〵しい。

こゝは洋服細民の殖民地、

珈琲を掻きまはした匙のさきで
生活の鈍重な沼底を浚はうなど、
はてさて　うつつけの身のほど知らずが——。

白銅一枚を人造大理石の卓子《テーブル》に投げれば
いぢらしや　いつぱし金屬の音——、

プロテスタンの存在はさしづめ水に油
沈默の密度の中からドアを押すばかり。

夕闇は臆病らしく忍び寄り
さるにても　どこでまた郷愁にめぐり會へようやら。

子守唄の塒《ねぐら》は埴生の宿となん申し侍る……
町外れの露路裏まで聞えて來るクラリネットは
お手前ひとりが夕暮の都心の咏嘆詩人かなんぞのやうに
切なげな　哀れな響で　またしても空へ流れては消え
流れては消え——。

白石

狐谷の種族

お節句に　おいらはお母《かゝ》や父《ちやん》について　おらんちの犬は
おらについて　祖母《はゞ》や祖父《ぢい》のゐる本家にゆくと、

顔ぢゆう痘痕《あはた》だらけで　口數に合はせちや目をぱちくり
する　日に布を一疋織るといふ　野《の》つ原《はら》越しに桃の木

の多い　新里《しんり》の姑母《なはご》　姑母《なはご》のむすめ李女、妹むすめ李女、
十六で四十鰥《しじふやもめ》の後妻にいつた　やたらおちん腹を立てる
肌が餡ん棒みたいな　唇と乳首はもつと黒い　耶蘇《やそ》の
村近くに住む土山《どざん》の姑母《なはご》、姑母のむすめ承女《しようじよ》、伜承《せがれしよう》つぺ、
六里もあるずんと向ふの　山越しの海邊で後家になつた
鼻つ面《つら》のいやに赭い　いつも白い小ぎれいな身なりの
話のあとではめそ〳〵泣くのが癖の大里《だいり》の姑母《なはご》、姑母のむすめ洪女《こうぢよ》、伜洪童《こうどう》　弟《ちびすけ》の洪童、

梨の接木が自慢で　酔つぱらふと土臺石を引つこ抜く
鴨《かも》罠《わな》がとても得意な　遠い島へ魚《うを》漬《づけ》に行くのが樂しみ
の叔父《をぢご》、叔母《をばご》、従妹姉《いとこ》むすめ、従兄弟たちが、

一ぱい祖母《ばゞ》や祖父《ぢい》のゐる奥《おくり》に寄合ひ　部屋ぢゆう濯《すゝ》ぎた
ての着物の糊が匂つて　小米《こごめ》餅　*松は《ソンク》餅《もち》　黄粉餅　粟
餅の匂ひもして　豆腐　萠《もや》し　煮つけ　ぜんまい　豚
肉　みな冷《ひや》つこい。

晩飯が濟むと　おらたちは　厩脇《うまやわき》の横庭つゞきの梨の木

丘で
ねずみ追ひをして　隠れんぼをして　尻つぽ取りをして
轎《かご》に乗つて嫁入り　馬に乗つて聟入りあそびをして
暗くなるまでわい〳〵騒ぐ。

夜の更けた家ぢゆうでは　母《かゝ》たちは母《かゝ》たちで　下棟《しもや》に寄合つちや笑ひ立てたり話込んだり　おらたちはおらたちで　上の部屋に寄集《よちくば》つちや　お手玉遊びをして　おはじきをして　茶椀廻しをして　かぼちや取りをして　脚抜き遊びをして　土器皿《かはらけざら》の燈芯を引上げ引上げ　雛《にはとり》

が何遍も鳴いて　やつとこさ眠くなると温突《オンドル》の*焚《たき》口取《ぐちどり》
合《あ》ひ　寝床のひつたくり合ひをして　がや〱　ばた
〱寝入る。それから戸に軒端雀の影がさす朝、嫂《おによめ》や
姉《あんね》たちがざわざわ立動くお厨房《だいどこ》から　戸の隙間を　目
張の破れ目を　千切り大根の煮える　うまさうな匂ひ
の立ちこめるまで眠る。

*松は餅——松の花粉を煉り合せてつくる銅貨大の菓子、あとくち稍苦がし。

*焚口取合ひ——温突は焚口近くが最も温し、その温きところを吾先に占めむとの小ぜり合ひ。

焚火

繩屑《なはくづ》も　尻切れ草履も　牛糞も　沓《くつ》の底も　犬の齒も
板ぎれも　藁屑も　枯つ葉も　髪の毛も　おん襤褸《ぼろ》も
棒つ切も　瓦つかけも　雞の羽も　犬の毛も　燃える
焚火。

*齋長《ヂエダング》も　*初試《チヨシ》も　*門長《もんちよう》さまも　作男の小倅も　聟どんも

嫁の身寄も　旅の衆も　主人《おやぢ》も　爺さも　孫も　筆賣も　鑄師《いかけや》も　尨犬《むくいぬ》も　ちんころも　みな焚火に當る。

焚火には　おらんちの祖父《ぢい》がまんだ稚《ち》さい頃　母父《てゝはゝ》なしの哀《おやげな》い身の上で　足指を燒き捥《も》がれた　もの悲しい歷史がある。

*齋長　鄕村の古老に對する尊稱（平安道地方）

*初試――科擧制度の豫備試驗合格者をいふ。往々試驗を經ざる者も錢貨を貢きて稱號を得ることあり。延ては鄕村の老人に對する尊稱として用ひらる。

*門長――一門のをさ。

鴨・仔馬・兎

鴨罠をしかけに田圃へ下りていつた父《ちやん》はなか〳〵上つて
來ない
鴨は崖つぷちに影を落したまゝ飛んでゆき　おいらは土
手の上で　ちんころのやうに父を呼びながら泣き——
そのうちに癇癪が起きて　土手裏の川へ　父の草《わら》鞋《ばき》だの

足袋だの　足袋紐だのを投げ込んぢまふ。

市日の朝　表の通りを親馬に從いてゆく仔馬《こんま》——その仔
馬を呼んでくれとせがむと
父は通りへ向いて　大きな聲で
——仔馬よ　來うよウ
——仔馬よ　來うよウ。

草刈にゆく父の支架《しよいこ》に乘つかつて　おいらは山へ行きな
がら兎を捉らうと考へる

いゝ按配に兎の穴を見《め》つけて父とおいらが立ち塞がると
いつの間にか兎の仔はおらの脚の下をくゞつて逃げて
しまふ。
おらは張合ぬけがして　張合ぬけがして　泣つぺそを掻
く。

旌門村

丹塗りの褪せた旌《せい》門《もん》が一つ　村の入口に建つてゐた。

「孝子盧《ろ》廸《てき》之《し》之旌門」——　埃の溜つた木彫の額を見るた
んび
十《と》歳《う》が過ぎるまでおいらには「之」の字の二つあるのが

可笑しかつた。

アカシヤの花の香に蜜蜂が寄りたかつた朝
鬼《おに》神《がみ》はゐないで　梟が土塀を突つつきながら死んだ。

瓦の溝に蛇の青光りする月夜
子供等は鼬《いたち》のやうに遠廻りをしては通つた。

旌門んちのカンナニは　十五で
年とつた馬子のところへ嫁に行つた。

白い夜

お城の石垣に　月が上る
傾いた藁家の家根で　匏が
も一つの月みたいに　白く光る。
いつか村の若後家が頸をくびつて死んだのも　ちやうど
こんな晩だつた。

山雨

山桑の葉つぱに雨粒が落ちる、
野鳩が飛ぶ。
樹の枝では　尺取虫が首をもたげて　野鳩の行方を追つ
てゐる。

未明界

雞が鳴いて、鰌湯《どぜうじる》を煮てるらしい立酒店《ゐざかや》の臺所から　ほ
か〳〵と溫《あつた》かさうに灯《ひ》が洩れる。
眠さうな行燈の下を水人足は井戸へ行き　星の間から見

える晦月《みそかつき》がうつすらと涙にうるんでゐる。

大通りには早立の市商《いちあきなひ》たちの紙燈《ちようちん》の明りに　驢馬の目が
ちらちら映り
どこやらでボクポクと　木魚を叩く家がある。

朴世永

岩燕

南國からか
北國からか
そゝり立つ山の嶺の
頂上はるかに巣をかけた燕。

きみこそは文字通り自由の化身
きみを捕へるものはどこにもない
誰一人きみに附きまとふものはない
大空が　大地が
そのまゝきみのものではないか。
文豆粒のやうな小さい眼で天が下を見下ろし
拳《こぶし》一つにも足りない身で矢のやうに空を縫ひ
縦横に風を截り　魔法づかひの鞭としなふ
頂上はるかの岩燕よ、
半日を喘ぎ〳〵　こゝまで登り着いて

下界を眺めては一ぱし感慨にふける人間のこの憐れさを
嗤つておくれ
きみの倖にあやかれるものなら
あゝ　羽をのべてたゞ一息に　翔り　舞ひ立ち
神秘なまでに自由自在な　きみのその倖にあやかれるものなら——。

槍ぶすまの白い岩根が朝日を受けてきらめくとき
きみは頂上に足をかけて心のどかに羽をつくろひ
山の精氣が谷間に湧き立つとき

胸一ぱいその精氣を吸ひ込んでは　原始林から流れて來
る地上の祕密に聞入ることだらう。

猪が赭土を堀り返すころ
きみの幻想は涯しない曠野を翔けめぐり
豹の子が獸を追ひつめて　その貪婪の瞳を凝らすとき
きみは千里の鳥と身をなして
國から國へと
人の世の消息《ことづて》を告げてはまはる。

岩燕よ　さらば飛べ
矢羽と翔れ、
雲を亂し
霧をかきわけて
龜の背と沈む地の上を翔れ、
逆落し、
錐に揉み上げ
雲を尾に曳いて　空にひるがへれ。
岩燕よ

翔りに翔れ
雲を貫ひて
霧をかきわけて。

朴龍喆

額

巨いなる夜の闇に明々と灯《び》を點し　獨り坐ればものみな
　奪はれゆくごとき寂しさ、
せめては一本《ひともと》の野の花あらば　いかばかりこゝろ和ま
　む。

ものみな奪はるゝこゝちに瞼閉づれば
照りかへす總身《そうみ》は蒼白き光放つ燐光、

せめては蟋蟀一つ鳴かば　いかばかりこゝろ彈まむ。

蒼き炎に身を焚けば　冷き額《ひたひ》冴えひらきて甯ひゆく神經
のこそばゆさ、
せめては戀ふる星一つこゝろにありなば　いかばかりの
よろこびならむ。

ふるさとを戀ひて何せむ

ふるさとを戀ひて何せむ
血《ち》縁《すぢ》絶え　吾家の失せて
夕《ゆふ》鴉《がらす》ひとり啼くらむ
村井戸も遷されたらむ。

をさな夢　母の墓邊に
とゞめてぞさすらひ流る
浮雲の十年《ととせ》はるかよ
ふるさとを戀ひて何せむ。

かの空に描きても見む
新らしき希望《のぞみ》、歡び、
想ひ出は散りしく花の
吹けよ風　憩ひなき身に。

はかなしや　ふるさとのゆめ
いまははた踏みしだかれて
契《ちぎ》りつゝ人に堰《せ》かれし
初戀のせつなさに似る。

船出

いざさらば　さらばよ
わがかゝる若きいのちを
泣きぬれて　あだにあるべき
いざさらば　さらばよ。

ふりきるによしなしや
靄のごと潤む瞳に港は見ゆる
かの小路《こうぢ》　かの家並　などて忘れむ
小皺さへ目になつかしき　あゝかの人ら。

去りゆけど　のこるみれんの
追はれゆくひとの思ひといづれなる
かへりみる雲にも風は搦むなり
碇置くあすの港の　ありやなしや。

いざさらば　さらばよ
わがかゝる若きいのちを
涙もて　あだにやるべき
いざさらば　さらばよ。

こゝろ

こゝろをどこへやりませう
雨はいつかな降りやまず
越しかたの疼《うつ》く思ひ出　その思ひ出ばかりが
黒雲の幕《とはり》のやうに　眼路をさへぎります。
見失ふまいとした　新しい希望《のぞみ》が

堰きとめてもとまらぬ　あなたへの思慕が
いなづまときらめく　ひとゝきはあつても
あなたの眼《まな》ざしはあまりに遠い、あまりにも届き難い。

あゝ　このこゝろをどこへやりませう。

毛允淑

薔　薇

わがこゝろの傍《かたへ》
ひそやかなる蔭にぞ
薔薇《さうび》は咲く。

夜闇からず
星遠からず

薔薇は夜も寝《いね》ざるなり。

杜なき野
天の拓けざる道
風の通はざる丘
薔薇は黝《くろ》き江邊《かはべ》にぞ立つ。

爾《な》が根はわが生命《いのち》に倚りたり
わが眼《まなこ》閉さるゝ前に爾《なれ》は得去らじ。

爾はわが裡に在りてぞ咲く
春なく　雨なく　空なきところ
幸薄きわがこゝろに宿りてぞ咲く。

夜闇からず
星遠からず
爾は夜も寝ざるなり。

をみな子のうたへる

こゝろ波立ち騒ぐとき
親しき聲の訪なひて
わが靈魂《たましひ》を搖《ゆす》るなり
「をみな子よ　なにを煩《わづら》ふ。」

臥床《ふしど》にひとり倚れるとき
倦み疲れたるわが胸に
やさしき御手《みて》の觸るゝなり
「いねよ　ねよ　こゝろ安らに。」

身の貧しきを歎くとき
かのなつかしきおもざしの
いづくともなくあらはれて
「朝鮮のをみなぞ　爾は。」

こゝろに慕ふ人ありて
ひとり泪にくるゝとき
慈しむごと　かの聲の
「戀のみの人の世ならじ。」

月のない夜

散策者、彼は
透明な思想のふるさとを歩む、
白く折れ曲る徑
頭《かしら》の上を星の燦く夜《よる》。

もの言はず　微笑し
もの言はず　樹に倚り

いつしか
その眼は星と顫へて
一つの心を數へる。

名もない夜、
道は孤獨な歴史に通ひ
念ひは言葉なき國をさまよふ
わが世の銀河に
ひめごとを囁くものもない。

月の光の照り添ふ道を
彼は黒々と影を印して歩む
低い、力あるその音聲が
太陽のやうに
長く尾に曳いたわたしの闇を追ひ散らす。

ボヘミアン！　わたしの同郷人
あゝ　そのときから
わたしは　名知らぬ土地の
名もない一人の女、

その眼を　仰ぐ夜空に讀み
その音聲を　杜の木の間に聽く
——月のないこんな夜でも。

琵琶湖

山《やま》峡《あひ》の杉の表情は
遠のくほど生々と冴え——

夕靄の隙間からさしのぞく
水浅黄の眞珠の空。

翡翠色の水影に思念《おもひ》を載せて
いとさゝやかな恍惚に沈む、
かなしみの輪は　縮み　ひろがり
閉ぢた瞼の上を　ほの白く花が搖れる。

水際のそよかぜに微笑を靡かせ——
みづうみの窓邊に夕暮のさゞめきを吟み

往交ふ流とてない
こゝは　ひつそりと息づく水晶の家、

波立たぬみづうみに　荒んだ漂白を眠らせて
けふ　わたしは琵琶湖にゐる。

すき透る滴を手に受けて
星屑の黒い光を宿すのは
立こめたみづうみの息吹に
耳なつかしい笑聲があるゆゑ。

李箱

烏瞰圖

詩第一號

十三人ノ子供ガ道路ヲ疾走スル。
（路ハ行止マリノ袋小路ガ適當デアル。）

第一ノ子供ガ　怖イ《オツカイ》ト　サウイフ。
第二ノ子供モ　怖イト　サウイフ。
第三ノ子供モ　怖イト　サウイフ。
第四ノ子供モ　怖イト　サウイフ。

第五ノ子供モ　怖イト　サウイフ。
第六ノ子供モ　怖イト　サウイフ。
第七ノ子供モ　怖イト　サウイフ。
第八ノ子供モ　怖イト　サウイフ。
第九ノ子供モ　怖イト　サウイフ。
第十ノ子供モ　怖イト　サウイフ。

第十一ノ子供モ　怖イト　サウイフ。
第十二ノ子供モ　怖イト　サウイフ。
第十三ノ子供ハ　怖イ子供ト　怖ガル子供ト　ソレダケ

デアル。（他ノ事情ハナイ方ガ　寧ロヨロシイ。）

ソノ中ノ一人ノ子供ガ　怖イ子供デアツテモヨイ。

ソノ中ノ二人ノ子供ガ　怖イ子供デアツテモヨイ。

ソノ中ノ二人ノ子供ガ　怖ガル子供デアツテモヨイ。

ソノ中ノ一人ノ子供ガ　怖ガル子供デアツテモヨイ。

（路ハ　抜ケ道デモ　カマハナイ。）

十三人ノ子供ガ　道路ヲ疾走シナクテモカマハナイ。

破帖

1

優雅ナル女賊ガ　私ノ跡ヲ追ヒツツアルモノト想像セヨ
私ノ扉ノ閂ヲ私ガ差込ム音ハ　心頭ノ凍結スル錄音デアルカ。

燈ガ薄暗イノデ　女賊ノ乳白ノ裸體ハ　正ニ魅力アル汚穢デナケレバ　乾淨デアル。

2

市街戰ガ終ツタ後ノ都市ノ歩道ニハ　〈麻〉ガ眼マグルシイ

黨道ノ命ヲ奉ジテ　月光ガ　コノ〈麻〉ノ散亂ノ上ニ墨ヲ引ク

(色彩ヨ　保護色タレ)　私ハ物眞似ヲシテ　クックックット笑フ。

多クノ市民ガ仆レタ筈ナノニ　ソノ死骸ヲ殘シテヰナイ
悽慘ナル砲火ガ　溫氣ヲ呼ビ
ソノ後ニハ　世ノ中ノモノハ　何一ツ發芽シナイ
ソシテ夜陰ガ夜陰ニ繼續サレル。

猴《マシラ》ハヤガテ深イ眠リニ陷ル　空氣ハ乳白色ニ化粧サレ
ソシテ私ハ？
人ノ屍體ヲ踏ミワケテ我家ニ歸ル道々
皮膚面ニ毛ガ延ビル、遙カナ私ノ背後デ私ノ朗讀ガ聞エ

ル。

3

コノ首都ノ廢墟ニハ　ナゼ遞信機關ガアルカ

エエ？（オ靜カニ……祖母上ノ御下門デスゾ。）

しいとノ上ニ私ノ稀薄ナ輪廓ガ押サレタ

コンナ頭蓋骨ニハ解剖圖ガ參加シナイ

私ノ正面ハ秋ダ、紅葉ノ近クニ透明ナ洪水ガ沈澱スル

睡眠ノ後ニハ指先ガ　濃黃ナ小便デ冷タカツタガ　サテ

コソ　滴トナツテ落チテ來タ。

4

向ヒ側ノ二階デハ　大陸ノ娘ガ窓ヲ閉メテシマフ
閉メル前ニ痰ヲ吐イテ――正シク私ヲ狙フ彈道ノ如ク、
室內ニ展開サレルモノヲ想像シテ　私ハ嫉妬スル
上氣シタ四肢ヲ壁ニモタセ　ソノ痰ヲ仔細ニ檢分スルト
何ト多クノ淫亂ナ外國語ガ　細菌ノヤウニ蠢イテヰル
　コトヨ
私ハ獨リデ閨房ニ病身ヲ橫ヘル

體軀ハ時ニ窒息シ　血循ガソコココデ立往生スル。

5

ぼたんヲ隱ス、人ノ前デハ〈さいん〉ヲシナイコト——
何處ラアタリデ暗殺ガ息ヅイテヰルヤラ　——誰モ知ラナイ。

6

歩道ノ〈まいくろほん〉ガ最後ノ發電ヲ終ヘタ
闇ヲ發掘スル月光——

死體ハ失クシタ體溫ヨリ遙カニ冷タイ
灰燼ノ上ニ霜ガ下リタトイフノニ――。

忽チ波型ぶりきガ　ブツ倒レタ　頑固ナ音響ニハ　餘韻スラナイ

ソノ下デ　年老イタ議員ト　年老イタ教授ガ　換リ番コニ講演スル
（何ガ　何ト共ニ來ル可キデアルカ）

彼等ノ顏面ハ　各々ソノ先輩ニ生寫シデアル

烏有ニ歸シタ驛ノ構內デ　貨物車ガ方向ヲ失ツタママ
突ツ立ツテヰル。

7

喪章ヲツケタ暗號デアルカ　電流ノ上ニ乘ツカリ　死滅
ノ〈かなあん〉ヲ指示シテヰルノハ、
都市ノ崩落ハ　流說ヨリモ迅速デアル。

8

市廳ハ法典ヲカクシ　散亂タル處分ヲ拒絕シタ

〈こんくりーと〉の田園デハ草根木皮モナイ　物體ノ陰
影ニ生理ガナイ
――孤獨ナ奇術師〈かいん〉ハ　都市ノ玄關デ人力車ヲ
下リテハ　ヨク　コノ鋪道ヲ緩歩スルデアラウ。

蜻蛉

觸《さは》れば手の先につきさうな紅い鳳仙花
ひらひらと今にも舞ひ出さうな白い鳳仙花
もう心持ち南を向いてゐる忠義一遍の向日葵《ひまわり》——
この花で飾られてゐるといふゴツホの墓は　どんなに美

しいでせうか。

山は晝日中眺めても
時雨れて　濡れて見えます。

ポプラは村の指標のやうに
少しの風にもあのすつきりした長身を
抛物線に曲げながら　眞空のやうに澄んだ空氣の中で
遠景を縮小してゐます。

身も羽も輕々と蜻蛉が飛んでゐます
あれはほんたうに飛んでゐるのでせうか
あれは眞空の中でも飛べさうです
誰かゐて　眼に見えない糸で操つてゐるのではないでせうか。

一つの夜

淺瀨は滔々と波の音さへ立てゝ
沸流江は流れてゐる。
その江面《かはづら》にかげらふのやうな紫色の層が出來る。

十二峰の高さに遮られて

私の佇んでゐるところから遥か後方までも既に黄昏れて
ゐる。
薄暮を縫ふ如く
地下へ地下へと沈む河流は黒く冷たい。
十二峰のあひ間から
赭く染まつた夕焼雲が覗かれる。
鐘が鳴る。

不幸よ
いま江《かは》邊《べり》に黄昏の影
地に長く曳いて　さらに長い不幸よ
しめやかに若《にひ》妻《つま》の窓《と》帷《ばり》を閉づる如く
私は眼をつぶる　都落ちの一人の落魄者

あたりはすつかり暮れた
十二峰のあひ間あひ間に
今にも星が見え出すのではないか
私はそれを見ようとはしない

そして草の上の一點をみつめる。

底ひない色を湛《たゝ》へて
沸流江は重だるく居坐るかのやうに見える。
わが身も千斤
動くよすがもない。

李燦

希望

希望は　透《すきとほ》る薄衣《うすぎぬ》の
蜻蛉《あきつ》の翅《はね》。
薄衣の身ながらに　蒼穹《そら》へ舞ひ立つ
蜻蛉の翅。

寝苦しい夜の夢に
ひろげては　またとすぼめぬ蜻蛉の翅。

あゝ　蜘蛛の巣に息絶えてさへ
開いたなりに遺された蜻蛉の翅。

希望よ。
蜻蛉の翅の耀《かゞよ》ひよ。

夜汽車

夜汽車は　潮匂ふ故里《ふるさと》の濱邊
立入れば　なにがなし胸迫り、
夜汽車は　いたづら好きな手品師
見廻せば　ひとりでに微笑が泛かび、

夜汽車は　色褪せた傳說の繪畫
目にうつる眺めが　あまりにも神祕で、

夜汽車は　わざと薄とぼけて
明日《あした》になれば探す憂《うれひ》の負袋を置忘れる。

夜汽車には
よくあることなんだが——。

埠頭・午前3時

華カナ遠洋航路ノ最終船ガ立ツタアト
埠頭ハ　冷エ冷エト　別レタ女ノ胸ヲ思ハセ、
午前3時

ガランドウノ　海邊ニ漂フ　てえぷ
切々ニ斷タレタ出船ノ一夜ガ　涙ニヌレ――。

オオ　私ノ悲シイ荷物ヨ
ユガンダ棧燈ノ下　オ前ノ消エ殘ツタぱいぷヲツメカヘヤウ。

ドダイ――
何日ノ日ノ　ドノ航路ノ上ニ　オ前ノ船ハ纜ヲ解クトイフノダ。

渺茫タル　水平線ノ彼方　海ハ戀々ト　オ前ヲ呼ビ
索滅ノ埠頭ニハ　ダガ　オ前ニ傳言《コトヅケ》ル　標識一ツアリハ
シナイ。

埠頭ヨ　コノサビシイ港ニ下リル
夜明ケガ　悲シクハナイカ。

イマニ　ヨルベナイ　オ前自身ヲ見出サネバナラヌ夜明
ケガ――
ヨルベナイ　オ前自身ヲ見出サネバナラヌ夜明ガ――。

李陸史

青葡萄

わがふるさとの七月は
たわゝの房の青葡萄。

ふるさとの古き傳說《つたへ》は垂れ鎭《しづ》み
圓《つぶ》ら實《み》に　ゆめみ映《うつ》らふ遠き空。

海原のひらける胸に

白き帆の影よどむころ、

船旅にやつれたまひて
青袍《あをごろも》まとへるひとの訪るゝなり。

かのひとと葡萄を摘まば
しとゞ手も濡るゝらむ、

小童よ　われらが卓に銀の皿
いや白き苧《あさ》の手ふきや備へてむ。

絶頂

いや猛き季節の笞《しもと》に脅えつゝ
つひにわれ北方に來れるなり。

いまははた　かの空も　ひろごり倦める高原の
霜白く研ぎ光れる刄《やいは》をぞ踏める。

いづれに膝は折り敷かむ
足容るゝ隙間もあらず
眼《まなこ》閉ぢて念はむのみ
げに冬は鐵《くろがね》の虹にこそ。

鴉片

しめやげる南蠻の夜
蟠祭の焚火はゆらぎ、

玉石と冷え透る魄《たま》ありて
紅疫の衢《ちまた》をぞ目指すなる。

衢にノアの海嘯《つなみ》はうづまき

危ふき島の上に　星一つ。
爾《なれ》は香はしき裸身もて
春の海の風孕める帆と駈り來よ。

虹のごと恍惚たる生の榮光
罪饐《す》ゆるとも　わが世　生くべかりけり。

邂逅

星たちが翡翠の　階《きざはし》を降り　樂の音の潮のやうに膨れ上る夜《よる》　わたしたちは海の殿堂をあとにした。

花園に別れを告げる秋の蝶のやうに　離れては立戻り遠のいてはまたも振りかへり——白い羽《はね》に陽ざしが暑かつた。

遠い記憶は　あてどない旅人の愁ひに育《はぐく》み、劬《いたは》りながら
見護りながら　お前は　わたしは　單調な海景色にも
いつか慣れた。

あゝ　だのに——
搖り上げる波は岐れて合はず、季節風に吹き追はれて
七つの海を距てたお前とわたし。

なぜまた沙漠の公主《ひめぎみ》のやうに　お前は臙脂の唇を　愁ひ
に漂白されたわたしの帆柱に翳さうとする。おゝい

としい新月。

折ふしの夢――　雪白い島の　すき透る玲瓏の獄《ひとや》に　黄金の頸鎖《くびくさり》　足鎖で　お前を繋ぎ、
耳に鳴る珠　鎖曳く音のする中を　わたしは名知らぬ花園に水をやり、遠いいのちの日を禱り――
噎《む》れかへる花の香に　いつかわたしが睡《まどろ》むと　そのすきに　お前は花瓣を一つ一つ捲つて羽につけ　どことも

知れずに飛去つてしまふ。——

あゝ　いま茜が燃えて　船窓はふるさとの空より圓い。
黒いマントをはおるのは　古い世紀の喪章のやうで悲
しくないか。

いつそお前は　たをやかなその手で白いハンカチを振る
がよい。虚無の分水嶺に來るべき日の旗を揭げて　お
前とわたしはまたもさすらはう。はなはづかしくさす
らはう。

柳致環

旗

こは　聲なき叫びなり
かの蒼き海原に打振る　のすたるぢいの手巾《ハンケチ》なり。
純情は潮《うしほ》に似て風に飜り
ひたすらに純《きよ》く眞《ま》直《すぐ》なる理念の標木の上に

哀愁は白鷺のごと翼をひらく。

あゝ　誰ぞ！
かくも切なく　かなしき想ひを
初めに空へ掲げたる人は――。

東海岸にて

白日は中天に懸りてわが無聊に連り
茫々たる潮水の空しく干滿を重ねて地表を洗ふところ
こは　わが寂寥の空洞にして
透明なる絶緣體　忘却の邊涯たり。

哀愁はつひに渺漠としてかへり來らず
ひたすらに念ひなき孤獨こそは一疋の小蟹に滅するなれ
ひとりわれ　砂上に在りて
乞食の如く人生を懶惰せむ。

五月雨

どこその燎亂《りやうらん》な花畑を
狼藉し　苛《さいな》んだ雨はまた
日がな一日　窓際につき纏ひ
蛆のやうに　何かねだりつゞけてゐる。

猫

猫は憎し
その聲の佞《おもね》りたる
その動作の敏捷にして小なる
そのあまりにも山脈の匂ひを忘れたる
しかして人を憤怒せざる
虎に似て虎ならざる——。

非力の詩

憂患は獅子身中の蟲
自虐の盞は膽汁に似て苦し。
まこと白日は何をか意味するものぞ
われは非力にして　足萎《あしなへ》
日暦は空しく汚辱の年輪を刻み

殘れるはたゞ獸《けだもの》の如き悲怒《ひど》のみ。
語れ　汝！
焉んぞけふの日に晏如たる。

日月

わが赴くところ
いづれにか白日なけむ。

遠き未開の遺風をさながら
星辰と相共に寝《い》ね
雨風と相等しく憂ひて
わが生命《いのち》と

生命に楔《くさび》せるものを熱愛するも
愼み　愛憐に溺れざるは
そは恥辱のゆゑなればなり。

わが仇敵と
仇敵に佞《おもね》るものへ
いと直き憎惡を備へたり。

最後《つひ》の日の太陽が
向日葵のごと瞳孔をさし貫《ぬ》き

いづれの不意にか　われ獣《けだもの》の如く屠らるとも、
わが世のいみじき日月に
また何の悔恨をか遺すべき。

仇敵

愛憐に疲れたる日
寧ろわれ仇敵を戀ふるなり
仇敵よ　いづれにか在る
けふわれ　汝に逢ひて接吻《くちづけ》せむ
さなり　汝の刄《やいば》含める惡意の前にのみ
恒《つね》にわれは直《なほ》く強かりし。

頌歌

追はれたるカインの如く
彼等が負へる悲しみは久しかりせど
如何ぞ　この艱難を
獸《けだもの》となりても堪へざらむ。
遙かなる朝《あした》　未開の種族が
とある岩上に弓矢を佩きて立ち
巨いなる香爐のごと紫雲に明くる連巒を仰ぎつゝ

念じて彼等が隆盛を誓ひしよりこゝに萬年、
日月星辰は彼等と共にあり
風霜こそ絶間なき試錬の槌とはなりたりし。
忍苦と欝血の只中にして　いまもなほ脈々と
精悍なる彼等が發祥の聖き血は記憶され
かの日　山巓に嚠喨たりし野性の翹望は
彼等の鼓膜に殷々と　新しき韻《ひびき》を傳ふなり。
斯の如くにして　つねに
かなしく完き系圖の誇に生くる彼等
遠き遺業を繼ぎて

ひたすらに直く強きを念じ
よき敵を讃へ
奸佞を憎み
如何なる惡意、詭計にも堪へて
つひに屈従に慣るゝなく
しかして目には目を！
これぞ　死に替ふるべき
彼等が血の掟とはならしめたまへ。

點景から

窓越しに土塀、
土塀に匍ふ　かぼちやの蔓、
强健な掌を思はせる青いかぼちやの葉に
なみなみと受け湛えられた空の一角など——
かうしたいくばくかの見古した點景すら
ともすれば忘られがちなこの清貧の家族にとつては
季節の生氣を呼吸する　せめてもの通氣孔、

かひがひしい妻の一日のスケジユールは
この點景の晴曇によつて定められ
ときに　白雲の去來する蒼空を
巨いなる箴言のやうに　男は仰ぎ見る。

けふのこの艱難と不如意を
強ちに晏如し彌縫するとにはあらず
まして蹉跌にひとり哀傷するのでもない、
よしんばけふ　如何に酷《きび》しい乏迫にあらうとも
つひに曇りを知らぬ理念は

癒ゆるなき孤獨にも玉石と透り
高き矜持もて己を守りつつ
誤たず季節を認識して　來る日に
かの遙かなる人生の
雲表に聳え立つバビロンを仰がむとは願ふばかり。

二番目よ
熱が苦しいか
あすは日曜——
（紅疹《はしか》には蝲蛄《ざりがに》がよいさうな）

お父さんは山へ行つて
蝲蛄を探して來よう。
野つ原の午下り
唐もろこしの葉が光る土手路を通つて
峠にまどろむ雲を見ながら
たまさかのあすの一晝を
口笛吹き〳〵過して來よう。

林學洙

神秘

海草の蔭に睡《まどろ》む小さな貝
黄金の鍵盤を甫ふこそばい觸感——
あなたのその指のたをやかな透《すきとほ》り。

百合を彩る朝あけの露玉
湖面《みづうみ》に浮いては沈む銀魚《ぎんうを》のまなざし

あなたの面《おも》に耀《かゞよ》ふ一瞬の冷い冴え。

口邊より兩の頰へ傳はりゆく仄かな微笑
蒼ざめてなほ嚴かなその額——
天地《あめつち》の神祕と未知は　みんなあなたが祕めてゐる。

湖水と

蒼く湛へた小さな湖と
湖を圍つて鬱蒼たる樹立、
頭の上に白い雲、夜はこぼれる星屑、

その上また何を望みませう
あなたと二人して營む巣床に
愛よ！ 乏しいものとては何一つないのです。

時折り滴跳ねる銀魚《ぎんうを》と
吹くとも見えぬ小風に　搖れ動く蘆二つ三つ、
葉末の露、朝まだきを來ては啼く鳥、

その上何をまた望みませう
あなたと二人して營む巢床に
愛よ！　乏しいものとてはもう何もないのです。

悲哀

窓にさす朝の光、
秋毎に實る葡萄の房、
それよりもなほ律氣に　期《とき》を違へず
目醒むれば　はや訪るゝ　この客人！

林 和

玄海灘

この海の荒潮は
夙にして名高い。
だが私達青年は
怖れよりも勇氣が先立つてゐた

山の火が
稚い仔鹿の群を
荒野へと追ひ立てたのだ。

對馬沖を過ぎると
水平線のほかには塵一つ目に入らない。
太平洋の逆巻く濤と
南進して來た大陸の北風が　こゝでまともにぶつかり合ふ。

山のやうにのしかゝる波濤《なみ》、
雨と　風と　霧と　雲と　雷鳴と――
空には星さへ霞んで
折ふし遙かな波の彼方に赤い信號燈が瞬く。

何はさて　若人達が
安逸や利慾を求めて
この嶮しい荒海に身を浮べたはずもない。
若人達は
希望を抱いて渡り

決意を新たにして歸つて來た、
彼等は楡の木蔭の傳說や
草深い片田舍の小川の子守唄で
大根のやうに延び生ひた若者達だ。

だが
異郷の雨風は
活々した顏の色艶を奪ひ
重たい心の荷は
眞直な背骨さへ撓めずにはおかない。

私は　この海の上で
花びらのやうに散つた
幾人かの傷ましい名を知つてゐる。

渡つたきり帰らぬ者
帰るとすぐに病み仆れた者
さては生死さへ分らずじまひの者
敗北の傷みに身悶える者など、
——中にもし希望と決意の誇を辱めに置換へた者があ

るとしたら
私はその名を記憶したくない。

遮莫《さもあらはあれ》
海より來る猛々しい大陸の朔風の中に
あくまで潔く雄々しかつた若人達の名に於て
この海を謳はう。

青春の歡び、希望《のぞみ》を
根こそぎ引ちぎつて地底へ運び去る埋葬の悲しみの日に

あつてさへ
ついぞ一度玄海灘は
若人達の目の前に　黒い喪の帳《とばり》を下したことはなかつた。

けふもまた　若人達は
小まめな少年のやうに
この海を越えて行き　越えて歸り…………
明日もまた
恐らくは永遠に
玄海灘は若人達の海峡なのだ。

—その一節—

地上の詩

太初《はじめ》に言葉ありき…………
開闢この方　人間どもには不埒な傳統が附きまとふ。
行爲なき言葉――
言葉のための言葉――

イヴがアダムに摘み與へた無花果の祕密こそは
實は目くるめく智慧の綾の中にあつた。

飽滿の誘ひで　飢餓を、
天上の歌聲で　地獄の痛苦《くるしみ》を、
ともすると人間達は　取換へたがつた。
だが、地上のパンで滿ち足りた者が
果して一人もなかつたらうか
神聖なる智慧よ！　榮光あれ。

然り、運命とは正に「言葉」以上のもの、
人間が口の利ける運命を荷ふといふこと、
運命を語るに適はしい「言葉」を持つといふこと、
それだけが　さしづめ　沈默の行動者たる豚よりは　ましな取柄とでも言はうか。

言葉を行爲に
行爲を言葉に
思ひのまゝ飜譯出來るといふ機能、
それが　詩の至高の原理！

地上の詩は
智慧の佯りを除き
智慧を悲劇より救ふ、
正に明らけく　太初《はじめ》に「行爲」があつた。

失題

友よ　けふこのごろ　或一つの運命に就て僕は考へさせられてゐる。

醒めては
異變を夢み
いつもわたしは
恙なかれと　それのみを願ひつゞけた。

幸福を祈るこゝろが
幾度かわたしを
死に克たしめたその恩惠《めぐみ》は
忘れよう筈がないけれど――

幸福も　歡びも
無事平穩なその日〳〵に
見出されぬ道理と知つては
わたしの生甲斐なるものも

所詮は花を落した薔薇の蔓のやうなもの。

綠の葉を愉しとするには
あまりにもわたしは若く、
まして枯枝を愛ほしむには
あまりにも心稚いわたし——。

いまはもう
生き永へるために恙なかれと願ふことが
われからにこゝろもとなく　うらはかなく

身もこゝろも虐《さいな》みつくす
運命の褥《しとね》が
なぜか戀人のやうに慕はしくなるばかり。

盧天命

鹿

かなしきは　汝《なれ》が頸《うなじ》ぞ
つゝましう　ものさへいはず
麝に匂ふ　冠《かうむり》あはれ
ゆかしとも　いみじき性《さが》よ
氏育ち　偲びこそすれ。
水の面に　映るわが影

見つむれば　ふるさと戀し
想ひ出は　遠き日の夢
侘びてこそ　頸さし上げ
いやはての　山脈《やま》を視るかな。

幌馬車

汽車が渡る――帯の幅ほどある江《かは》の橋を
こゝから先は　もうよその國、
味《あぢ》氣《き》なや　洟たれのまゝごとよりもうらはかなや。

幌馬車に搖られて　いつそ唐菓《アガキ》でもしやぶりましよ
カチユーシヤの頭巾をしてこんなに駈けらしてみたいな
さだめし　けふの公爵はあと追はないのが　もの足りな

かろ。

わたしは　こゝの言葉を知らない
胡《こ》人《じん》の柩《ひつぎ》が並んだ野面を　馬車は駈ける　駈ける、
廣い野に放しても　放たれぬは心の絆《きづな》
莨も吸へず――
口笛も吹けず――。

出帆

汽船《ふね》の出た港に
ちぎれ残るテープははかなく
素知らぬ顔の海は
またも沈黙の褥《しとね》にうづくまる。
魔女の不吉な豫言もないに

越し難い海を距つときめた——
蒼黝い七月の中洲《なかす》
老いたさゞゑの殻には　またしても一つ語りぐさが殖えたげな。

路

松林を　松林を　わけて行くと
灯《あかり》の洩れる古屋が見える。

そこに——
虫のすだく秋があつた

雪が野を埋めた月夜もあつた
山百合の香に噎ぶ夕べ
手の白い人たちは
屛風の
花を銜《くは》へた鹿をあげつらつた。

松林を　松林を　わけて行けば
いまも
傳說のやうな
古屋の灯が見えやうけれど

かずかず古い物語が　もしや思ひ出されるかと
怖氣をふるふのは
鳩のやうにしほらしい　素直な心根から——。

*ナムサダング

わたしは顔に白粉を刷き
丈なす黒髪を後へ垂れた男。

草笠《チヨリプ》に色帷子《クエヂヤ》をつけた笛吹きたちが
笙を吹鳴らす夕べともなれば
紅《べに》色《いろ》の裳《チマ》を曳いて　わたしは香丹《ヒヤンダダニ》になる。

市場あたり　どこその廣い庭を借り——
ランプの蕊を引上げた布帳《まんまく》の中では
わたしの男聲が十分に屈辱される。

峠向ふの通つて來た村には
指輪を買つてやりたい可愛いゝ娘《こ》もゐたつけが
つぎの日は別れる身の
娘よ　わたしはジプシーの裔《すゑ》。

あすはまた　どの村あたり——

道具を積んだ驢馬のあとに從いて　紅い山苺の露を拂
ひ拂ひ發《た》つ朝は
見物衆を招《よ》ぶ　笙の音のやうに
せつなさ　うれしさが　入亂れて胸に咲く。

*ナムサダング——村芝居の女形、ひいてはその村芝居のこと。
*香丹《ヒャングダニ》　春香傳中の女人物の名。

略歴紹介

異河潤　明治三九年生。法政英文科卒業。新聞記者、放送局員等を經て現在は京城東丘家政女校教員。曾て「海外文學」「詩文學」「文藝月刊」の同人たり。著書に「失香の樂園」「水ぐるま」「現代抒情詩選」等がある。

許　保　明治四〇年生。法政英文科卒業。「詩文學」「カトリック青年」等に作品を發表した。現在は東京旺文社勤務。

金允植　筆名永郎。明治三六年生。青山學院卒業。朴龍喆と共に「詩文學」によつて世に現はれた詩人。著書「永郎詩集」。

金起林　筆名片石村。明治四二年生。東北帝大法文卒業。前朝鮮日報學藝部長。詩集「氣象圖」及び「太陽の風俗」、他に評筆等。

金珖燮　明治三九年生。早大英文科卒業。京城中東中學教員。詩集「憧憬」。

金尙鎔　號月坡。明治三五年生。立教英文科卒業。最近京城梨花女專學監の職を退いた。詩集「望鄕」。

金泰午　號靜影。明治三六年生。日大文科卒業。京城中央保育學校敎員　詩集「草原」、他に童謠集等。

金大駿　筆名海剛。明治三六年生。舊プロ系詩人。金嵐人と合著の詩集「靑色馬」がある。

金大鳳　明治四一年－昭和一八年。平壤醫專卒業。京城帝大附屬病院に入り整形外科を研究の傍ら醫院を經營。詩誌「貘」を主宰したことがある。三十六歲の四月病歿。詩集「無心」。

金龍濟　本名金村龍濟。明治四二年生。中大中退。舊日本プロ作家同盟員　舊カップ同人。現在は京城綠旗聯盟編輯部員。「亞細亞詩集」「叙事詩御東征」（何れも國語）の著あり、昭和十八年三月、亞細亞詩集により第一回總督文學賞を受く。

吳熙秉　筆名一島。明治三七年生。早大高等學院を經て立敎倫理科卒業。昭和十

年創刊の雜誌「詩苑」を編輯した。

辛夕汀　明治三九年生。京城佛教專門學院に於て佛典受講。大正十三年、朝鮮日報に「暮るゝ日輪」を發表以來詩作に專心。詩集に「燭火」がある。

趙重洽　筆名碧岩。明治四一年生。京城帝大法文卒業。百貨店和信　東亜織物支配人、經て、現在は株式會社金熙俊商店專務。詩集「鄕愁」。

白　石　明治四五年生。青山學院卒業。咸興永生高女教員、朝鮮日報出版部員を經て現東京旺文社在勤。詩集「鹿」。

朴世永　號白河　明治三五年生。京城延禧專門卒業。舊カップ同人。永らく少年雜誌「星の國」を編輯した。京城培材中學校勤務。詩集「岩燕」。

朴龍詰　號龍兒。明治三七年　昭和一三年。青山學院中學部修了。曾て鄭芝溶、金允植等と「詩文學」を創刊。三十四歲病歿。詩作の他、譯詩、詩論等多く、遺著に「朴龍喆全集」三卷がある。

毛允淑　閨秀詩人、號嶺雲　明治四三年生。梨花女專文科卒業。間島明信女校、

京城培花女校の教員を經て京城放送局に勤務。詩集「耀へる地域」、他に隨筆等。

李　箱　本名金海卿。明治四一年—昭和一三年。京城高工卒業後一時總督府の營繕技手を勤めたことがある。肺患のため三十二歳春東京帝大病院で死去。短篇及び詩作品は多く死後に發表された。

李　燦　號務鍾。明治四三年生　延專、立教、早大文科を何れも中退。舊カップ系詩人。雜誌記者、新聞記者、釀造會社支配人等を經て現在は書籍店を經營。詩集に「待望」「焚香」「茫洋」等がある。

李陸史　本名李活。明治三八年生。北京中國大學社會學科卒業。一時新朝鮮社、人文社に勤務。現在は北京在住。

柳致環　號靑馬。明治四一年生。京城延禧專門中退。株式店の事務員、私立中學の教員、或は寫眞館の經營等。現在は北滿の僻地自由移民村に農場を營み、傍ら哈爾賓協和會に勤務。曾て同人誌「掃除夫」及び「生理」を前後約十號發行した。詩集「靑馬詩抄」。

林學洙　明治四四年生。京城帝大英文科卒業。開城好壽敦高女、京城誠信女校、金泉中學等に教鞭をとる。詩集「石榴」「八道風物詩集」「候島」「戰線詩集」及び「現代英詩選」の譯著がある。

林　和　本名林仁植　明治四一年生。京城普成中學卒業　元カップ書記長、前學藝社主幹。詩集「玄海灘」、評論集「文學の倫理」の他、長篇論文「朝鮮新文學史」がある。

盧天命　閨秀詩人、大正二年生。京城梨花女專卒業。前朝鮮日報出版部員　詩集「珊瑚林」、他に短篇創作等若干。元「詩苑」同人。

後記

「前期」に引續き、大正末期から昭和の前半へかけて發足したほゞ十年間の中堅詩人二十七人を「中期」に纂輯した。

譯は主として自選作品に基いたが、住所未詳其他の事由で連絡の取れなかつた數人については、詩集、又は雜誌へ發表の作品などから適宜に選譯した。

李箱の「一つの夜」「蜻蛉」の二篇は生前譯者へ送られた私信（國文）をほゞ五分の一量に縮めて詩形に改めたもの、金龍濟の三篇はもともと國語で書かれたもので、二つながら譯詩集の除外例に屬する。

資料の不如意から豫定した「中期」の人員に一人だけ缺除を已むなくされた。三卷六十何人では半數に充たず、遺漏なきを期するためには人

員が更に倍加されねばならない。これは詩人名簿をつくるやうなもので徒に煩瑣を増すばかり、寧ろ理想としては各期十名以内に、尠くも一人十篇以上の作品を紹介することであるが、期して能はなかつた理由は「前期」覺書中に詳述したからこゝでは繰返さない。

・　・

鄕土の詩集をつくるといふ名目で、こゝ一年近く私は殆ど無爲に等しい日々を送つた。無爲などゝいふ風流めいた言葉が許さるべきではないが他に適當な形容詞も見當らない。言葉と言葉の軋り合ひ――、優れたよい詩であることを承知しながら、どうにもそれを譯しこなすことの出來ない齒痒さ――。一例を鄭芝溶の「玻璃窓」(前期一九六頁)に取るなら、終りから三行目の短い譯語の爲に私は五六日といふもの、たゞ一つの語感をまさぐりながら手を拱いて暮した。數百數十の言葉が念頭に入亂れてもその中にたゞ一つ的を射當てた言葉がない。直譯して「孤獨な、

恍惚たる心事にして」といふほどの意味であるが、「孤獨」といひ「恍惚」といふも所謂孤獨や恍惚の謂ではない。この一篇は昭和四年の「朝鮮之光」新年號に偶々私の「雪」といふ詩と時を同じくして發表されたもので、とりわけ印象も深く、爾來十數年を折にふれては口ずさんで來た心親しい詩である。已み難い愛惜から理不盡な力み方をしてみたが結局は「あぢきなのうつろごころぞ」といつた遠巻の譯語しか探し出せず、重量感の埋合せに原詩にはそれと現はれてない「あはれ吾子《あこ》」の一語を添へて結句の鎭《しづ》めとしたが、どのみち詩情の半分も活かされてはゐない。

反對に、詩心の淺い見せかけだけのために書かれたやうな詩にも出會はなかつたわけではない。眞面目に譯するさへばからしく、さうしたとき私は厭はしい一種の自己嫌惡を覺えるのであるが、公《おほやけ》の意味を持つこの詞華集の性質から、自分一個の好尙は押し殺さねばならぬ場合があつた。

言葉の厚化粧が如何に巧みでも、飜譯といふ關所を通る間には地金か出ずにゐない。言葉を解き返せば眞贋は忽ち露はれる。詩を譯してゐて私はいろいろとよい勉强をしたやうに思ふ。

・　・

文字通り寸毫の誇張もない血戰さ中に、譯詩などにかゝづらつてゐるのは如何にも面映いが、譯者としての立場や、鄕土への依怙贔屓といつたやうな私心を全く離れて、尠くも次の一事を讀者にお取次出來ようかと思ふ。

それは鄕土から寄せられた「朝鮮詩集」に對する既知未知の聲である。――「詩集そのものゝ出來不出來ではない、それは二の次で、曾てない激しい戰ひの日にも尙且つ朝鮮文化のために內地がこの關心と用意を示してくれたことは、自分たちにとつてどんなに大きな勵みとなつたかわからない。」――果して「朝鮮詩集」がそれに値したかどうか、省て忸怩

たらざるを得ないが、朝鮮語による發表機關が殆どその機能を停止した今日の實情に思ひ合はせて私には深く領かれるものがある。かりそめにも「朝鮮詩集」三冊が、鄕土の人々の心に一燈の灯《あかり》を點じたことになるとしたら、それこそは思ひもかけない大きな功名である。見榮えのせぬ乏しい書物にとつてこれほど忝い榮譽はない。

・　・

國語と朝鮮語の對蹠的な特色ともいふべきものを考べてみる。國語―一つまりは日本語が詩語としての要素に乏しいといふことはこれまでも私達が屢々耳にして來た。――兼常淸佐博士著「石川啄木」一八六頁等――外國語の知識に乏しい私はヘブライやフランス語の美しさを實感として思ひ泛べることが出來ないが、單に朝鮮語と引較べたゞけでもなるほど日本語は不便な言葉だといふことはわかる。（こゝで日本語と呼ぶのは日常用ひられる現代語を指すので、萬葉に遡つた古典は姑く問はな

い。）朝鮮語には言葉を打切らずに次へ運んでゆく連鎖性ともいふべきものが自ら備つてゐて、極めて自然なリズムが波型の線をなしてゐるが、日本語にはそれがない。勢ひ一聯一聯の言葉を孤立させるやうな結果になるが、そのために時として詩の持ち味や「含み」が著しく殺がれる場合があるのは免れ得ない。さきに擧げた「玻璃窓」の一句などもその例の一つで、We-ro-un fwag-hol-han sim-sa-i-ə-ni――終りの ə-ni で嫋々たる餘韻が湛へられてゐるに拘らず、譯語では「うつろごころぞ」と野暮な締め括り方をしてゐる。

・　・

盧天命に「粉伊《フニ》」といふ詩がある。取立てゝ作者の留意が拂はれたとも思はれないが、その詩情に私は強く心を惹かれた。幼い女の子の溺死――貧しい母親が濱邊で泣きくどいてゐる。脫ぎ棄てゝある紅い着物やゴム靴、――お前に食べさせようとて眞瓜も買つてある、――いまに仕

事から戻つて來たらお父さんに何といふ、どこへ行つたといふ——、悲しみ呆けた母親の口からからうした言葉が呟かれる。「粉伊《ブニ》」といふのはその女の子の名である。

人情の世界に東西はない。同じ言葉で忠實に原詩を寫しさへすればこの哀切たる詩情は內地の人々にも共感されるに違ひない。さて、實際問題としてこの理窟が通るであらうか。新聞の記事を譯するわけではない、假にもこれは詩である。作者は感傷に溺れぬ冷やかさでこの濱邊の一情景を詩に綴つてゐるが、そこには朝鮮語といふ獨自な言葉の匂ひがあり、手觸りがある。またその言葉によつてのみ實感される「生活」がある。「おめえにやるべえとて眞瓜も買うてあるだにー」「ちやんが歸《けえ》つて來たらあんといふだよウ」——「生活」を念頭に置くかぎり國語で移せるのはせいぜいこんなところである。これでは詩情に遠いこと夥しい。痛ましさ哀切さが戲畫化するばかりか、讀者の眼底には、どこか內地の

海邊の、大柄なかすりに冷飯草履をつゝかけた漁婦が想像されるに過ぎないであらう。それでは「紅い着物」「小さいゴム靴」のやり場がなくなる。

私はこの詩に繋いだ未練が棄てられず、口語に、文語に、幾度か手を替へては試みてみたが、つひに譯にならなかつた。百歩を讓つて「生活」を問題にしないとしても、言葉の持ち味や連鎖性のために國語に移してはまるで別なものになつてしまふ。

・　・

國語は短く句切つた齒切れのよさに特長があり、朝鮮語は思ひ潛めた情感を叙べるに適合する。生活情緒と言葉の曲型律は一つのものである。激した感情を端的に表現したやうな、例へば柳致環の作品などは國語に移して極めて效果的であり、反對に卞榮魯、朱耀翰、或は朴龍喆の抒情詩などはどちらかといへば勞して功を收め難い部類である。

詩集の後記にあるまじき理窟であるが、國語と朝鮮語の對蹠性は言葉の組織や文法が似通つてゐるに拘らず、詩を譯する上に甚だ都合の惡い條件となつてゐる。國語は語彙の一つ一つ集合的である場合が多いが（からくれなゐが「韓」「呉」「藍」の重なりである如き）言葉と言葉の繫りにもこの連結の作用が働く。言葉自體が柔軟性、連鎖性を持つ朝鮮語とは成り立ちが根本的に違ふ。俳句に見るやうな極端な省略が國語では可能で朝鮮語では不可能だといふ事實がこの說明を補足する。國語の簡潔さを美しとするとき朝鮮語のくどさが目立つ。朝鮮語のなだらかなリズムが愛されるとき國語の肌觸りの荒さが指摘される。何れこの問題については、もつと具體的に論《あげつら》ふ機會があると思ふが、こゝでは讀者の參考までに極く常識的な要點だけを掻いつまんで述べた。

・　・

古い口傳童民謠と新しい今日の詩作品と――、これで朝鮮の詩心の在《あり》

處だけは一通り內地の人々に傳へることが出來た。心情の機微に觸れ合つた理解ほど確かな理解はない。どこかに知己がゐる。折にふれて朝鮮の詩心が、それらの人々の生活の歡びに、はたまた心の痛手にしづかに滲透する日がある。氣長な望みである。氣長に待たうと思ふ。（昭和十八年九月、素雲記）

金素雲著書

朝鮮民謠集	（絶版）	昭和四年七月	泰文館
諺文朝鮮口傳民謠集	（絶版）	昭和八年一月	第一書房
朝鮮童謠選	（岩波文庫）	昭和八年一月	岩波書店
朝鮮民謠選	（岩波文庫）	昭和八年六月	岩波書店
乳色の雲	（譯詩集）	昭和十五年五月	河出書房
朝鮮民謠集	（新潮文庫）	昭和十六年七月	新潮社
三韓昔がたり	（學習社文庫）	昭和十七年四月	學習社
石の鐘	（童話集）	昭和十七年六月	東亞書院
青い葉つぱ	（童話集）	昭和十七年十一月	三學書房
恩田木工	（評傳）	昭和十七年九月	天佑書房
朝鮮史譚	（增補版）	昭和十八年四月	天佑書房
黃ろい牛と黑い牛	（童話集）	昭和十八年六月	天佑書房
朝鮮詩集	（前期）	昭和十八年八月	興風館